I0118267

Lucien DESLINIÈRES

Pour Abolir

la

Souffrance

Humaine

Il faut remplacer
La Lutte pour la Vie
Par l'Association pour la Vie.

PARIS (5e)
M. GIARD & É. BRIÈRE
LIBRAIRES-ÉDITEURS
16, RUE SOUFFLOT ET 12, RUE TOULLIER
1918

LIBRAIRIE M. GIARD ET E. BRIÈRE

16, RUE SOUFFLOT, PARIS

Bibliothèque sociologique internationale (volumes in-8° et in-18).

Bibliothèque internationale d'économie politique (volumes in-8° et in-18).

Bibliothèque internationale de droit public (volumes in-8° et in-18).

Bibliothèque internationale de droit privé et de droit criminel (volumes in-8°).

Bibliothèque internationale de science et de législation financières (volumes in-8°).

Bibliothèque socialiste internationale (volumes in-8° et in-18).

Bibliothèque pacifiste internationale (volumes in-18).

Collection des doctrines politiques (volumes in-18).

Encyclopédie internationale d'assistance, prévoyance, hygiène sociale et démographie (volumes in-18).

Études économiques et sociales (volumes in-8°).

Petite encyclopédie sociale, économique et financière (volumes in-18).

Etc., etc.

Envoi franco des Catalogues *(sur demande)*

LIBRAIRIE M. GIARD ET E. BRIÈRE
16, RUE SOUFFLOT, PARIS

Bibliothèque sociologique internationale (volumes in-8° et in-18).

Bibliothèque internationale d'économie politique (volumes in-8° et in-18).

Bibliothèque internationale de droit public (volumes in-8° et in-18).

Bibliothèque internationale de droit privé et de droit criminel (volumes in-8°).

Bibliothèque internationale de science et de législation financières (volumes in-8°).

Bibliothèque socialiste internationale (volumes in-8° et in-18).

Bibliothèque pacifiste internationale (volumes in-18).

Collection des doctrines politiques (volumes in-18).

Encyclopédie internationale d'assistance, prévoyance, hygiène sociale et démographie (volumes in-18).

Études économiques et sociales (volumes in-8°).

Petite encyclopédie sociale, économique et financière (volumes in-18).

Etc., etc.

Envoi franco des Catalogues *(sur demande)*

Offert par l'auteur
à la Bibliothèque Nationale

L. Deslinières

Pour Abolir

la Souffrance Humaine

8° R
28

OUVRAGES DU MÊME AUTEUR

En vente à la librairie GIARD et BRIÈRE, 16, rue Soufflot, Paris

Projet de Code Socialiste, 3 volumes . . . . **7** fr.

Le Maroc Socialiste, 1 volume. . . . . **3** fr.

Organisons-Nous, 1 volume (en collaboration avec A. Festout). . **2** fr.

L'Application du Système collectiviste, 1 fort volume . . . . *Epuisé.*

Entretiens socialistes, brochure . . . . *Epuisé.*

Qu'est-ce que le Socialisme, brochure . . . . *Epuisé.*

La Vie chère, brochure . . . . *Epuisé.*

La Société future, revue. . . . . *Epuisé.*

Pour paraître prochainement :

LA FRANCE NORD-AFRICAINE

Projet de colonisation organisée

Un fort volume grand in-8°.

Cet important ouvrage montre les mauvais résultats de la Colonisation anarchique, pratiquée jusqu'à ce jour, et établit la nécessité d'une nouvelle méthode : la Colonisation organisée.

Lucien DESLINIÈRES

Pour Abolir
la
Souffrance
Humaine

Il faut remplacer
La Lutte pour la Vie
Par l'Association pour la Vie.

PARIS (5ᵉ)
M. GIARD & É. BRIÈRE
LIBRAIRES—ÉDITEURS
16, RUE SOUFFLOT ET 12, RUE TOULLIER
1918

INTRODUCTION

L'humanité torturée finira-t-elle par prendre pitié d'elle-même ? Cessera-t-elle de se résigner stupidement à ses maux, alors qu'il dépend d'elle d'y mettre un terme ?

C'est pour l'arracher au sombre fatalisme, au scepticisme découragé qui la détournent des efforts virils, c'est pour lui rendre l'espérance et la force d'agir que j'écris ces pages.

A l'encontre des fanatiques qui voient dans nos souffrances un châtiment divin, des pessimistes qui les croient inhérentes à notre nature et du grand nombre des esprits incertains, enclins à admettre sans raisonner que les choses très anciennes sont appelées à durer toujours, je veux démontrer que les causes multiples de la douleur humaine sont presque toutes d'origine sociale, et par conséquent évitables.

La guerre nous apparaît aujourd'hui comme le mal suprême. Ce livre n'est pas le cri d'une sensibilité qui défaille devant ses horreurs et en réclame à tout prix la fin immédiate. Il émane d'une raison demeurée ferme dans la tourmente et prête à de nouveaux sacrifices pour épargner aux générations à venir les épreuves de la nôtre.

Il embrasse d'ailleurs tous les autres fléaux, que la guerre nous fait un peu oublier, mais qui, par leur continuité, font encore un plus grand nombre de victimes.

Je choisis pour lancer mon appel un de ces moments où, dans un paroxysme de souffrance, les cœurs ordinairement engourdis deviennent capables des grands élans sauveurs.

Cet appel serait mieux entendu, sans doute, si au lieu d'être présenté sous la forme simple d'exposés et de déductions, il revêtait les accents pathétiques de la haute éloquence qui a le don d'élever pour un moment l'homme au-dessus de lui-même, de l'émouvoir et de le rendre sensible aux plus généreuses pensées. Mais outre que l'auteur de ce modeste ouvrage n'a pas la prétention d'atteindre à ces sommets, il est persuadé que le caractère de précision rigoureuse de ses conclusions exige l'emploi du langage sobre et clair de la science pure. A chacun sa tâche en effet : depuis longtemps les meilleurs de nos littérateurs et de nos poètes, nous attendrissent sur la souffrance humaine et éveillent en nous le désir d'y mettre fin. Leur noble rôle s'arrête là, car en suscitant des intentions, ils n'indiquent pas le moyen de les réaliser. Il faut donc que la raison intervienne ensuite pour diriger les inspirations qu'ils ont fait naître, la raison froide et salutaire comme le scalpel d'un chirurgien, et dont les austères conseils ne sauraient avoir le charme des œuvres d'art.

D'ailleurs ma faible voix emprunte aux circonstances une

puissance exceptionnelle, puisqu'elle se fait l'écho de la clameur tragique qui monte des fleuves de sang et de larmes, puisqu'elle est l'expression même des vœux ardents des survivants de l'immense massacre.

Pourtant, je ne me laisse pas aller à trop d'illusions : d'une aspiration à une réalité, la distance est grande, la voie hérissée d'obstacles. C'est l'ignorance qui ne comprendra pas, le scepticisme qui ne voudra pas croire, l'égoïsme toujours prêt à sacrifier son prochain à ses jouissances. Ce sont là de redoutables adversaires. D'autre part, il faut compter sur la force immanente des choses qui, malgré des lenteurs, des arrêts et des reculs déconcertants, entraîne irrésistiblement les hommes vers un avenir meilleur. L'heure viendra où le mal sera définitivement vaincu. Un groupement de bonnes volontés agissantes peut l'avancer, et ce livre peut réunir dans une œuvre commune bien des dévouements épars en éclairant leur route.

L. D.

CHAPITRE PREMIER

LA SOUFFRANCE HUMAINE

Nous n'avons pas la prétention de la cataloguer scientifiquement. Peu importent quelques omissions dans l'indica-tion sommaire de ses modalités ou quelques erreurs dans notre classement hâtif.

En dehors des catégories qu'on peut établir plus ou moins arbitrairement, il faut placer la mort.

Mais ici se pose une question : la mort est-elle un mal ?

Non si elle arrive au terme normal de la vie, par suite de l'épuisement du corps et par conséquent sans souffrance. Le docteur Emile Berlin, dans le *Dictionnaire encyclopédique des sciences médicales*, en marque ainsi qu'il suit les étapes : « affaiblissement graduel de l'organisme ; ralentissement de toutes les fonctions », puis, à l'approche du moment suprême, « nouvel abaissement des énergies partielles, extinction du sentiment, interruption du mouvement et des sécrétions, cessation de la circulation du sang, enfin arrêt du cœur ».

Le docteur Berlin ajoute :

« L'individu qui s'endort ainsi du sommeil éternel meurt comme le végétal qui, n'ayant pas la conscience de la vie, ne saurait avoir celle de la mort. Il passe insensiblement de l'une à l'autre. Mourir ainsi n'a rien de pénible : l'idée de l'heure suprême ne nous épouvante que parce qu'elle met un terme subit à nos relations avec tout ce qui nous entoure ; mais quand le sentiment de ces relations est depuis longtemps évanoui, l'effroi ne peut plus exister au bord de la tombe. »

Lorsque la mort apparaît dans ces conditions, non-seulement elle est douce à celui qu'elle atteint ; mais elle trouve résignés ses parents et amis les plus proches. Malheureusement, le docteur Berlin constate que « mourir de vieillesse est une exception dans l'humanité ».

La règle c'est donc la mort prématurée ; et celle-là est toujours cruelle parce qu'elle ravit à un être humain une partie de l'existence sur laquelle il croyait pouvoir compter, parce qu'elle est presque toujours accompagnée de souffrances, et enfin parce qu'elle plonge dans le deuil ceux à qui sa victime était chère.

Nous sommes d'ailleurs sans pouvoir contre la mort survenant au terme de la vie. Elle est une nécessité et la condition même de la perpétuation de la race. Ce qu'il faudrait pouvoir combattre efficacement, c'est la mort anticipée.

Il faut reconnaître qu'on a déjà beaucoup fait contre elle. On peut faire beaucoup plus encore et la limiter à un petit nombre de cas.

La mort étant mise à part, il semble qu'on pourrait ranger les souffrances humaines dans deux catégories principales : les souffrances physiques et les souffrances morales.

Pourtant il est évident qu'une distinction s'impose entre les souffrances morales dont la cause est en nous-mêmes et celles dont la cause est extérieure. Les premières sont de nature mixte, puisqu'il n'y a rien dans le moral qui n'ait son origine dans le physique. On peut les qualifier : peines physico-morales Les secondes seules sont en réalité des peines purement morales. Admettons ce classement sans y attacher trop de valeur.

Souffrances physiques. — Elles se produisent dans un corps sain lorsqu'il est dans l'impossibilité de satisfaire ses besoins physiologiques, par exemple lorsqu'il manque de nourriture, de vêtements, de feu, d'abri.

Elles sont aussi la conséquence de la plupart des maladies et des blessures, ainsi que des coups et en général de tout ce qui peut léser ou altérer le corps.

Beaucoup de prédispositions morbides, ou diathèses, ainsi que de maladies déclarées tiennent à l'hérédité.

Souffrances physico-morales. — Certains états physiques et mentaux comme la folie, le crétinisme, le gâtisme, ne s'accompagnent pas forcément de souffrances; ils n'en sont pas moins un mal pour l'humanité, diminuée dans sa valeur d'ensemble par cette déchéance d'une partie de ses membres.

L'une des causes les plus fréquentes, et de celles qui passent le plus inaperçues, de souffrances physico-morales, est l'impossibilité où sont placées un grand nombre de personnes des deux sexes, du sexe féminin surtout, de goûter les plaisirs de l'amour, impérieusement réclamés par leur cœur aussi bien que par leurs sens. Chez beaucoup d'autres la privation n'est que partielle ou momentanée. Il arrive aussi, et bien souvent, que dans l'union des sexes ni le cœur ni les sens ne trouvent leur satisfaction ou qu'ils ne l'y trouvent pas à la fois. Que d'existences sont empoisonnées par de tels désaccords ou vouées au désespoir par une chasteté forcée !

Innombrables sont les peines morales causées par les maladies nerveuses, ou encore par l'impossibilité d'agir résultant d'une maladie quelconque, ou par l'appréhension d'une mort prématurée. Elles cesseraient d'exister dans des corps sains.

Souffrances morales. — Nos facultés affectives, si elles nous causent des joies, nous apportent aussi un lourd contingent de peines.

Elles nous solidarisent avec ceux que nous aimons et nous font ressentir ce qui leur arrive d'heureux et de malheureux.

Leur mort, si elle est prématurée, et surtout si elle est accompagnée de souffrances, nous plonge dans la tristesse. Nous prenons notre part de leurs souffrances physiques et morales. Les natures d'élite, qui s'élèvent à l'altruisme, souffrent même des maux de l'humanité.

L'amour non partagé ou insuffisamment partagé, la

trahison soupçonnée, ou constatée de l'être aimé, les agitations et les inquiétudes de la jalousie remplissent d'amertume ou de désespoir l'existence des passionnés.

Les remords ou les regrets tourmentent ceux qui ont commis de mauvaises actions ou de simples fautes.

L'intérêt nous cause des peines et des soucis graves. Toute perte dans nos biens, qu'elle résulte d'un dol, de notre imprévoyance, ou simplement d'une circonstance fortuite nous affecte plus ou moins en diminuant la sécurité de notre existence attachée à notre fortune.

L'ambition, légitime ou non, est féconde en déceptions pénibles. Une sombre mélancolie est l'état à peu près permanent de ceux qui croient, à tort ou à raison, qu'ils n'occupent pas le rang auquel leur donnerait droit leur mérite.

Nous souffrons de l'opinion injuste que d'autres peuvent avoir de nous.

Les pénalités judiciaires, même à bon droit prononcées, entraînent de grandes souffrances physiques et morales chez ceux qui les subissent. Mais à quel degré de désespoir peuvent descendre les victimes d'erreurs de la justice !

L'avarice, la passion du jeu, la haine, l'envie, l'intempérance, la luxure dégradent l'homme et sont pour lui des maux malgré certaines satisfactions momentanées qu'il peut y trouver.

Voilà, en raccourci, l'énumération des maux qui affligent l'humanité. Ceux qui n'y figurent pas pourront, le plus souvent, entrer dans l'une des catégories indiquées. Mais l'essentiel pour l'objet de ce livre c'est que les plus impor-

tants ne soient pas omis, car nul ne peut songer à abolir
totalement la souffrance humaine. On ne peut viser qu'à
la restreindre dans une large mesure.

L'homme étant doué de sensibilité physique et morale, et
l'impossibilité de changer sa nature étant évidente, sa vie
sera toujours un mélange de plaisirs et de souffrances. Mais
leur proportion peut varier. Elle dépend des rapports sociaux établis et modifiables par la volonté des hommes. Il
est clair que plus les institutions politiques et économiques
se rapprocheront de l'idéal de justice et de raison, plus les
peuples seront heureux. Et, par conséquent, toute amélioration de leur condition doit être cherchée dans la voie du
perfectionnement de ces institutions.

Cela paraît d'une évidence qui confine à la banalité. Et
pourtant beaucoup le contestent.

Les uns proclament que la science seule travaille efficacement au bonheur de l'humanité ; ils n'attachent qu'une
importance secondaire aux lois qui régissent les sociétés
civilisées. Les autres, donnant la suprématie à la morale,
affirment que l'homme ne pourra devenir plus heureux
qu'en devenant meilleur.

Il y a beaucoup de vrai dans ces thèses. Nul ne peut mé-
connaître le rôle de la science et de la morale. Mais si important qu'il soit, il est primé par celui du facteur économique, et il est facile de le démontrer :

Supposons un pays où la science a multiplié les produits
agricoles et industriels et créé de grandes richesses, mais
où tous les moyens de production sont la propriété d'un

petit nombre de privilégiés qui accaparent les fruits du travail, ne laissant à la masse des prolétaires qu'une part à peine suffisante pour pourvoir à leurs plus indispensables besoins. En quoi la science aura-t-elle profité à ces derniers? Elle n'améliorera leur sort que mise au service d'une organisation économique assurant une plus juste répartition de la richesse générale.

Quant à la morale, que pèsent ses prescriptions devant l'impérieux appel des besoins? A un homme qui sort de table, vous ferez facilement admettre qu'il est blâmable de dérober des aliments. Mais essayez d'en persuader un affamé dénué de ressources. Sans écouter votre sermon, il se jettera sur les premiers comestibles qu'il verra à sa portée, à moins que la peur du gendarme ne dompte son instinct. Et en dehors même de ce cas extrême, quelle conscience pourra résister aux suggestions de la fraude qui se présentent à elle de toutes parts, accompagnées de l'appât d'un avantage tangible, d'une augmentation de fortune nécessaire à la sécurité de l'existence? L'observance des règles de la morale sera donc d'autant plus stricte que l'occasion de les enfreindre s'offrira moins souvent et que les besoins individuels recevront une plus complète satisfaction. Là encore le moral est subordonné à l'économique.

Sans nous perdre dans le vague des dissertations métaphysiques, dont le champ est illimité, et nous en tenant à ces quelques arguments tirés du simple bon sens, nous considérons comme acquis que, pour éliminer la souffrance humaine, il faut avant tout perfectionner l'organisation sociale. Le problème, réduit à cette proposition, reste encore bien vaste.

Les formes du mal sont nombreuses ; ses causes particulières ne le sont pas moins ; s'il fallait les étudier et les combattre séparément, on pourrait reculer devant une aussi formidable tâche. Mais si l'on arrive à reconnaître que ces causes, si diverses en apparence, ne sont elles-mêmes que des effets et qu'elles ont une racine commune, il suffira de l'extirper pour faire périr toutes les branches.

Y a-t-il donc, dans les sociétés humaines, un principe fondamental néfaste qui engendre la presque totalité de leurs maux ?

Oui, il existe ! Et c'est LA LUTTE POUR LA VIE.

CHAPITRE II

C'est Darwin qui a, le premier, constaté cette loi biologique. Continuant les études de Lamarck sur le transformisme, il a apporté une explication de l'évolution progressive qui diffère un peu de celle de son illustre prédécesseur. Darwin en attribue principalement la réalisation à ce qu'il appelle la sélection naturelle résultant de la lutte pour l'existence.

« La reproduction des êtres donne, dit-il, beaucoup plus d'individus qu'il n'en peut vivre, car la quantité de matières nutritives existant à la surface de la terre est limitée ; un seul couple animal suffirait, en quelques générations, à peupler le monde, si la plupart de ses descendants ne disparaissaient fatalement. Donc parmi les individus, beaucoup trop nombreux, qui voient le jour, quelques-uns persistent, les autres meurent, succombent à la lutte. »

Le Dantec, dans son ouvrage : la *Lutte universelle*, auquel il donne pour épigraphe : « Etre, c'est lutter, vivre c'est vaincre », va encore plus loin et montre que la lutte est la loi de la nature inanimée aussi bien que de la nature animée.

Que la lutte pour la vie soit encore aujourd'hui la base des sociétés humaines, nul ne le conteste. Mais avec les progrès de la civilisation, elle a changé de caractère.

Pour l'homme primitif, si peu différent des animaux, elle était comme pour eux, dit Enrico Ferri, « la lutte brutale pour la nourriture ou pour la femelle ». Puis, des sociétés s'étant établies, l'autorité des lois a graduellement atténué la fureur des instincts. La lutte pour la vie a revêtu des formes nouvelles, moins violentes en général. Si elle a persisté, c'est à cause de la limitation du stock d'aliments disponibles. Et les aliments étant devenus des marchandises, pour l'échange desquelles a été créée une valeur-étalon qui est l'argent, la lutte pour la vie est aujourd'hui, constate le Dantec, la lutte pour la possession de l'argent.

Qui n'a pas d'argent meurt d'inanition. Il faut donc s'en procurer à tout prix; et quand on en a réuni suffisamment pour satisfaire les besoins immédiats, il est prudent d'en amasser pour l'avenir, car qui sait si les circonstances permettront d'en avoir encore ? Il est nécessaire en outre de le garder jalousement, de n'en faire part à personne, car à suivre ses sentiments généreux, on s'exposerait à la mort. Ainsi s'établit le régime de l'individualisme, de l'égoïsme, dont la devise : chacun pour soi, est la loi même de la vie.

Ce régime peut être imposé par d'inéluctables nécessités ; il n'est que trop évident qu'il dégrade l'homme et que celui-ci devra s'en affranchir pour s'élever aux plus hauts degrés de perfectionnement moral.

Le plus souvent, au lieu de conserver l'argent accumulé, on l'emploie à acquérir une maison où l'on trouve un abri, des meubles qui donnent le bien-être, des terres qui multiplient le prix d'achat en lui faisant produire des revenus. Voilà l'origine de la propriété privée.

Ou encore on consacre son argent à l'achat de marchandises qu'on revend ensuite avec bénéfices. Ou l'on s'en sert pour produire soi-même ces marchandises à l'aide d'un atelier, d'une usine, d'un outillage. Voilà l'entreprise privée.

Ou enfin on se contente de prêter l'argent à des tiers qui se livrent eux-mêmes au commerce ou à l'industrie, et on prélève en échange une part à leurs bénéfices, en leur laissant le travail et le souci des affaires. Voilà le capitalisme.

Et quant à ceux qui ne possèdent aucun avoir, leur existence dépend de la possibilité où ils seront de pouvoir vendre leur force de travail aux possesseurs de la terre, de l'outillage industriel, ou de la marchandise. Voilà le prolétariat.

L'organisation économique moderne embrasse évidemment des modalités beaucoup plus nombreuses et plus complexes. Mais toutes se rattachent à ces types élémentaires. Toutes ont pour but la lutte pour la possession de l'argent, la lutte pour la vie.

Ainsi la lutte pour la vie aboutit au régime individualiste caractérisé par la propriété privée, l'entreprise privée, le capitalisme, le salariat. Tous les hommes rentrent dans l'une de ces catégories. Et tous participent à la lutte générale qui les jette les uns contre les autres à la poursuite de l'argent.

L'individualisme laisse à chacun — dans la mesure de ses possibilités — la liberté de régler son existence, à charge par lui d'en assumer la responsabilité. En droit la société n'a d'autre obligation envers ses membres que de protéger leur personne contre le meurtre et leurs biens contre le vol. Elle ne prend pas leurs besoins en charge. Non seulement elle n'est pas engagée à nourrir ceux qui ne possèdent rien, lorsqu'ils sont incapables de travailler, mais elle n'a ni le devoir ni les moyens de garantir du travail à ceux qui s'offrent à l'exécuter.

En fait, comme l'application rigoureuse d'un régime aussi impitoyable heurterait trop violemment les sentiments d'humanité, et comme d'ailleurs l'excès de leurs misères pourrait pousser à la révolte la foule de ceux qui en sont victimes, on a créé des institutions d'assistance et de charité pour venir en aide aux détresses les plus profondes. Mais ce ne sont que des palliatifs insuffisants ; les secours peuvent toujours faire défaut aux moments les plus critiques, et c'est pourquoi chacun ne doit vraiment compter que sur son propre effort pour résoudre ce douloureux problème de l'existence qui se pose de nouveau à tous les instants.

De là l'âpreté farouche de la lutte pour la vie que la civilisation jusqu'à ce jour a régularisée plutôt qu'elle ne l'a tempérée.

Talonné par ses besoins et ceux de sa famille, le prolétaire va chercher fiévreusement du travail suffisamment rémunérateur pour le faire vivre, lui et les siens. Il doit réussir ou succomber. Aussi ne négligera-t-il rien. Si les emplois pour lesquels il s'offre sont occupés ou demandés par d'autres, il mettra en œuvre toutes les protections dont il dispose pour se faire admettre, en évinçant les solliciteurs ou les titulaires déjà en fonctions. Pas de pitié ni de scrupule dans la poursuite des places. Toutes les armes seront bonnes contre des concurrents qui, de leur côté, n'hésiteront pas à user des pires. L'emploi enfin accordé, le prolétaire luttera contre le patron pour en fixer le salaire au plus haut chiffre possible ; il continuera cette lutte une fois l'emploi obtenu pour améliorer sa situation. En même temps il luttera contre son contremaître qui exigera de lui le maximum de rendement, contre les embûches de camarades jaloux ou de candidats cherchant à le remplacer. Ce n'est pas tout : il luttera contre son propriétaire qui réclamera un loyer exorbitant, contre tous ses fournisseurs qui s'efforceront de le tromper sur la quantité, sur la qualité et sur le prix des objets dont il aura besoin, contre les emprunteurs qui chercheront à le *taper*, contre tous ceux à qui il aura affaire et qui voudront toujours lui faire payer au plus haut prix leurs services, réels ou imaginaires. Le salaire conquis, il devra le défendre sans trêve. Toute faiblesse lui serait préjudiciable et peut-être fatale.

Celui qui possède un capital s'engagera dans une entreprise agricole, commerciale, industrielle ou financière. Si ses moyens sont insuffisants, il s'associera à d'autres capitalistes. Mais toutes les entreprises, soit individuelles, soit

Deslinières 2

collectives, resteront des affaires privées, dont chacune aura sa personnalité propre, et qui se trouveront au même titre en concurrence avec d'autres entreprises individuelles ou collectives dans la poursuite des bénéfices.

Le caractère particulier du régime individualiste, c'est que les intérêts y sont non seulement distincts, mais opposés. Tout avantage conquis par l'un d'eux est au détriment des autres, et c'est pourquoi chaque combattant n'est entouré que d'ennemis dans la grande mêlée qui n'a ni fin ni trêve.

Un commerçant, un industriel est en opposition d'intérêts avec ses fournisseurs, avec ses employés et ouvriers, avec ses clients et avec ses confrères à qui il dispute la clientèle. La lutte est de tous les instants.

Un financier attire à lui le plus d'argent possible, il en paye le moindre intérêt aux déposants et le prête au taux le plus élevé à ceux qui le lui demandent. Ou encore il se fait l'intermédiaire des plus mauvais placements s'ils lui rapportent de fortes commissions. Il est l'adversaire naturel de tous ceux qui ont affaire à lui, en même temps que de tous ceux qui exercent la même profession.

L'agriculteur n'a pas seulement intérêt à obtenir une abondante récolte ; il a un intérêt aussi grand à ce que ses voisins en aient de mauvaises, la rareté des marchandises devant élever le cours des siennes. A vrai dire, il ne peut faire à cet égard que des vœux ; et aucune lutte directe n'existe entre lui et les autres agriculteurs ; mais elle est très vive avec ses fournisseurs, avec les acheteurs de ses produits et avec son personnel.

Inutile de multiplier les exemples. On peut passer en revue toutes les professions, toutes les situations sociales, il n'en est aucune qui soit affranchie de la dure loi. On ne se croit jamais assez garanti contre les caprices du sort, et quand on a conquis une certaine aisance, on éprouve le besoin de l'accroître encore pour atteindre une plus grande sécurité. Mais, des modestes économies du travailleur à l'opulence du grand banquier, toutes les fortunes doivent être enlevées de haute lutte et quand on est parvenu à les posséder, il faut lutter encore pour ne pas se les laisser ravir.

La lutte pour la vie est donc bien générale et permanente. Le parti socialiste la reconnaît sous le nom de lutte de classes. Mais comme il ne se borne pas à constater qu'elle existe et s'en fait une arme contre le régime capitaliste qui l'engendre, il soulève les véhémentes critiques et les amers reproches des partisans de ce régime qui, dans l'ardeur des polémiques, vont jusqu'à nier la lutte des classes. Ce qu'ils nient surtout, c'est l'existence de classes antagonistes. Loin de contester la lutte pour la vie entre individus, ils s'en font volontiers les apologistes.

Ainsi individualisme, propriété privée, entreprise privée, qui sont bien les bases fondamentales des sociétés modernes, sont non seulement des corrélatifs, mais des conséquences de la lutte pour la vie, principe antérieur, primordial, dont ils dérivent; dont ils sont inséparables, et qui doit être considéré comme l'auteur principal de leurs méfaits.

CHAPITRE III

La civilisation est un effort continu vers une existence moins précaire et plus douce. La lois qui la consacrent tendent toutes à assurer le respect des droits individuels qui sont une garantie de cette existence. Elles tendent aussi dans une mesure croissante à la protection des faibles et des déshérités.

Le but de la civilisation est en effet de protéger l'homme contre ce que les lois naturelles ont de trop rigoureux. Les institutions sociales tendent donc à atténuer le principe biologique de la lutte pour la vie. Les perfectionnements qu'on pourra y apporter dans l'avenir se borneront-ils à l'atténuer davantage, ou iront-ils jusqu'à le faire disparaître ? Telle est la question qui s'impose maintenant à notre examen. Elle est extrêmement controversée.

Aux yeux de certains mystiques, la lutte pour la vie est intangible parce qu'elle est une loi naturelle, par conséquent une institution divine. Ce serait un sacrilège de porter la main sur cette arche sainte. Pour d'autres qui se croient plus scientifiques, l'universalité de cette loi dans le domaine biologique est la preuve qu'il est impossible à l'homme de s'en affranchir.

Il n'y a pas à raisonner avec les premiers. Mais on peut répondre aux seconds qu'ils méconnaissent manifestement l'objet même de la civilisation qui vient d'être défini. L'homme ne s'associe à ses semblables, il ne sacrifie à cette association une part de sa liberté et de ses biens que pour améliorer les conditions d'existence précaires qu'il trouvait à l'état de nature. Loin donc de respecter les lois naturelles lorsqu'elles lui sont nuisibles, il cherche sans cesse à les entraver, à les modifier. Pourquoi, s'il en a le pouvoir, n'irait-il pas jusqu'à les supprimer ?

Le principe de la lutte pour la vie rencontre encore des apologistes fanatiques dont le cœur insensible regrette, dans l'intérêt de l'espèce, disent-ils, qu'on ne laisse pas la sélection naturelle éliminer sans pitié les sujets incapables de soutenir le dur combat. A leurs yeux, toute mesure d'assistance ou de solidarité sociale est un crime contre l'humanité qui serait plus vigoureuse si elle laissait périr ses éléments chétifs ou malsains. Ces odieux sophistes ne paraissent pas s'apercevoir que la guerre. à qui vont leurs admirations et dont ils affirment la nécessité comme école des plus hautes vertus, fait précisément de la sélection à rebours en moissonnant la fleur de la jeunesse pour laisser subsister l'infirmité et la décrépitude, en frappant les plus courageux, alors qu'elle épargne les plus vils et les plus lâches.

Les socialistes admettent ordinairement que la lutte pour la vie est appelée à disparaître lorsque la transformation sociale aura été réalisée. Enrico Ferri, dans *Socialisme et science positive*, défend l'opinion contraire. Il estime que « la lutte pour l'existence est une loi immanente de l'humanité comme de tous les êtres vivants, bien que ses formes changent continuellement et qu'elle aille en s'atténuant ».

Quelles que soient les transformations sociales, il y aura toujours, selon lui, « des vaincus dans la lutte pour l'existence : ce seront les victimes de la faiblesse, de la maladie, de la folie, de la névropathie, du suicide ». Pourtant le nombre de ces vaincus pourra devenir infiniment moindre si on arrive à supprimer la misère et toutes les causes de dégénérescence inhérentes à la société actuelle. Mais supprimer la misère, ce qu'Enrico Ferri considère comme parfaitement réalisable, ne serait-ce pas précisément mettre fin à l'insuffisance de la quantité d'aliments qui, à son avis et de celui de Le Dantec, est la cause de la lutte entre les hommes ?

Si, par une meilleure organisation, on arrivait à assurer à tout être humain la quantité d'aliments nécessaire à sa subsistance, si les plus forts ne pouvaient pas, en arrachant leur part aux plus faibles, les condamner à mourir d'inanition, la lutte pour la vie proprement dite, c'est-à-dire la lutte pour être ou ne pas être, cesserait d'exister. Il pourrait y avoir encore des luttes pour le superflu, pour les honneurs, pour les situations les plus élevées, et ce que Ferri appelle des « luttes d'idéals, pacifiques et intellectuelles », mais la vie n'en serait plus l'enjeu et par conséquent ce ne serait plus la lutte pour la vie.

Loin d'être désastreuses, de telles luttes seraient fécondes, en excitant une salutaire émulation qui se traduirait par des progrès matériels et moraux.

C'est évidemment la pensée de Ferri, qu'il exprime par les termes un peu impropres de lutte pour la vie à forme atténuée.

Il faut d'ailleurs distinguer, lorsqu'on parle de lutte pour la vie, entre la lutte fratricide des hommes les uns contre les autres, la seule dont on puisse envisager la fin, et la lutte de tous les hommes contre les forces extérieures, animées ou inanimées, qui fait la noblesse et la grandeur de l'humanité.

La première, selon Le Dantec, est « le côté le moins philosophique de la question » de la lutte universelle. Elle n'a, aux yeux du savant, qu'un caractère secondaire :

« La véritable lutte, la lutte directe, c'est la lutte de l'homme contre le milieu. Cette lutte, c'est la vie... »

Mais, pour mener le plus efficacement possible cette lutte nécessaire contre le milieu, l'homme doit, ajoute Le Dantec, resserrer les liens qui l'unissent à ses semblables.

« L'égoïsme, loi de la vie, trouve son compte dans l'association avec des êtres de même espèce. Les hommes, en s'unissant pour lutter contre le milieu et contre les autres espèces, se sont peu à peu assuré la domination du monde. »

L'idée d'association devait naturellement se présenter

aussi à l'esprit d'Enrico Ferri. Il écrit : « Puisqu'on parle tant de lutte dans la nature, pourquoi ne pas parler aussi « de la loi de solidarité qui unit tous les êtres vivant de la même espèce — par exemple les animaux qui vivent en société par suite de l'abondance de la nourriture commune (herbivores) — ou même d'espèces différentes, ce que les naturalistes appellent des symbioses, l'accord pour la vie ».

Il est tout à fait intéressant, en effet, de pouvoir répondre à ceux qui croient que les lois sociales doivent être calquées sur les lois naturelles que la nature ne nous présente pas uniquement des tableaux de destruction et de carnage, mais qu'elle nous offre aussi des exemples d'union et de solidarité pour le bien commun. Dans cet ordre d'idées, Ferri aurait pu parler également des abeilles, des fourmis et des castors, dont les mœurs nous émerveillent.

Mais la nature va beaucoup plus loin. Ce ne sont pas seulement quelques espèces isolées qui pratiquent l'association pour la vie. Chaque organisme vivant est formé par l'association d'un nombre incalculable de cellules. Le docteur Pierre Bonnier, dans son ouvrage : *Défense organique et centres nerveux*, en donne une magistrale description :

« Il a dû exister une *question organique* bien longtemps avant qu'il existât une question *sociale*, et, chose remarquable, les deux questions sont de même ordre, d'ordre biologique. La médecine doit donc étudier l'une comme l'économie politique étudie l'autre. Et il est intéressant de voir comment, dans l'organisme vivant et dans la société vivante, se sont résolus l'équilibre fonctionnel et la défense organique, sociale, et l'on peut en réalité définir les deux phénomènes dans le même langage.

« L'organisme humain est constitué par des milliards de petits individus cellulaires vivant dans une harmonie parfaite et en plein équilibre organique.

« Quel régime a pu réaliser ce miracle ?

« Le patrimoine organique — ou national, si l'on veut, — n'est dans les mains ni d'un individu, ni d'une famille, ni d'une caste, ni d'un groupement, ni d'une classe ; dans l'organisme, tout le monde est rentier, mais aussi tout le monde est fonctionnaire. Chacun vit par l'ensemble et pour l'ensemble ; tout le monde obéit à l'intérêt commun, général, fait de l'organisation des intérêts de chacun.

« Ce n'est donc ni un régime monarchique, ni un régime oligarchique. Il n'y a ni lutte politique, ni lutte de castes, ni luttes de classes, ni lutte d'individus. Il n'y a aucune sorte de liberté, car chacun est à sa juste place et fait ce qu'il a à faire ; il n'a aucune raison, aucun besoin d'être à une autre place et de faire autre chose. Il y a encore moins d'égalité, car il n'y a pas dans le corps vivant deux éléments cellulaires qui occupent la même place, qui aient exactement les mêmes besoins et les mêmes fonctions. La fraternité n'a pas plus de raison d'être, car chacun vit de la vie générale et nullement de celle du voisin. Donc, aucune des formules métaphysiques par lesquelles la Bourgeoisie a jadis exproprié le Clergé, la Noblesse et la Monarchie, et mis en morceaux le patrimoine national.

« Il n'existe pas d'exploitation d'un individu par un autre, par conséquent rien qui ressemble à l'esclavage, au servage, au salariat. Les échanges se font avec avantage mutuel, réciproque ; il n'existe ni profit, ni usure, ni capital, ni accaparement, et tous les intérêts individuels communient dans l'intérêt général, parce qu'il n'y a pas de propriété individuelle, ce qui serait un contresens et une iniquité.

« Tous les intérêts individuels sont socialisés dans une individualisation d'un ordre supérieur, l'organisme lui-même. La production et la consommation sont socialisées, nationalisées, organisées. C'est le collectivisme biologique, le nationalisme au sens vrai, propre et exact du mot, *l'organisme* dans son sens littéral.

« C'est cette socialisation des individualités plus petites en une individualité plus grande qui constitue l'organisation des êtres vivants et peut seule réaliser l'équilibre fonctionnel dans l'individu comme dans la société.

« Grâce à l'organisation de la circulation sanguine, chaque élément vit de la vie d'ensemble, et vit sa propre vie dans un milieu vivant sans cesse renouvelé.

« Grâce à l'organisation de la circulation nerveuse, chaque élément participe à la conscience générale, fait valoir ses droits et connaît ses devoirs. »

Ces admirables pages appellent une légère réserve, ou plutôt une explication. Comme Auguste Comte, Karl Marx et la plupart des savants, le docteur Bonnier éprouve quelque dédain pour les concepts métaphysiques dénués de tout fondement positif. Mais ce serait certainement dépasser sa pensée que de pousser trop loin l'assimilation entre un organisme vivant, composé de cellules vivantes aussi, mais inconscientes, et une société humaine dont les éléments sont doués de sentiments. L'aspiration vers la liberté, l'égalité, la fraternité est bien une force avec laquelle il faut compter puisqu'elle a produit la Révolution. Le Dantec qui fut l'ami de Pierre Bonnier écrivait, dans le même sens, que « la noble utopie de la justice, pour être ancrée dans la mentalité de l'homme, n'a pas de fondement positif », que nos « sentiments altruistes et généreux dérivent d'erreurs ancestrales », mais il ajoutait que « le raisonnement scientifique qui nous enseigne que la lutte est la grande loi, est incomplet », parce qu'il « ne tient pas compte des vieilles erreurs qui « font partie de la nature de l'homme » et « qui sont peut-être ce que nous avons de meilleur en nous ».

Enrico Ferri, qui est un savant et un marxiste, exprime plus fortement encore la même pensée en écrivant : « Le sentiment et l'idée sont les deux forces motrices inséparables de la vie individuelle et de la vie collective ».

Ainsi donc il est acquis scientifiquement que l'association pour la vie est, dans la nature, une loi aussi générale que la lutte pour la vie, et d'autre part que les sociétés humaines ne peuvent pas être fondées sur les mêmes principes que les sociétés de cellules qui composent les organismes. Ce dernier point est important, car il établit que l'homme, dans la détermination de ses institutions sociales, n'est nullement tenu de se conformer étroitement aux principes des lois naturelles. Il lui appartient d'y prendre ce qui lui est avantageux et de rejeter le reste.

Il peut et doit donc, dans cette sélection, tendre à développer de plus en plus le principe d'association, qui répond à ses meilleurs sentiments, aux dépens du principe de lutte dont la barbarie les révolte.

Que la lutte pour la vie, désormais, soit exclusivement dirigée contre le milieu ; qu'il n'y ait plus entre les hommes que des luttes à armes courtoises, où la vie ne soit plus menacée, et des luttes d'émulation pour le mieux ; que l'association humaine, née spontanément de l'instinct de la conservation, acquière son plus haut degré de perfectionnement en anéantissant tous les antagonismes qui divisent ses membres, c'est évidemment la loi du progrès.

« Au lieu de perdre nos forces dans un combat fratricide, écrit le professeur Achille Loria dans le *Darwinisme social*, unissons-nous pour livrer la seule bataille féconde que la civilisation demande et prépare, la bataille contre la résistance de la matière. Il faut substituer l'alliance à la lutte entre humains, l'altruisme à l'égoïsme, l'amour à la concurrence. »

Mais avant de se laisser entraîner par ces nobles sentiments, une question doit être résolue : l'association humaine pourra-t-elle parvenir à éliminer de son sein les antagonismes meurtriers qui s'y sont maintenus jusqu'à présent ?

Oui, si elle arrive à faire disparaître l'insuffisance alimentaire qui en est la cause reconnue.

Et par insuffisance alimentaire, il faut comprendre l'insuffisance de toutes les choses qui, comme les aliments, sont nécessaires à la vie. Il va de soi que, la quantité totale de ces choses étant assez grande pour satisfaire l'ensemble des besoins, la répartition devra en être faite avec assez de justice pour que chacun ait sa part. Le but ne serait pas atteint si certains privilégiés accaparaient ce qui doit revenir à d'autres.

Mais ici se dresse une objection : vous voulez donc faire un partage par égalité ? L'égalité n'est pas la justice. Celui qui a produit plus qu'un autre a droit à une part plus forte. Si vous la lui refusez, il limitera son effort et la production tombera au-dessous des besoins.

C'est parfaitement vrai. La maxime saint-simonienne : à chacun selon ses œuvres, est une règle qui s'imposera longtemps encore au législateur. Il faut proportionner la rémunération aux services sous peine d'effondrement de toute l'organisation. Et cependant il faut accorder le nécessaire aux déshérités physiques ou intellectuels qui ne peuvent rendre que de médiocres services, ou même qui n'en peuvent rendre aucun. L'humanité l'exige et c'est à cette condition que la lutte pour la vie n'aura plus d'objet.

Ainsi, pour faire cesser l'insuffisance des choses utiles à la vie, il faut en porter la production à une quantité totale qui permette : 1° de donner à tout être humain le minimum dont il a besoin ; 2° d'ajouter à ce minimum un surcroît proportionnel aux services de chacun.

Si l'association humaine y parvient, elle aura mis fin à la lutte pour la vie entre ses membres.

Le peut-elle et par quels moyens ? Voilà ce que nous avons maintenant à examiner. L'idée seule de substituer le principe d'association au principe de lutte entr'ouvre déjà de nouveaux horizons devant l'âme angoissée. Il reste à les éclairer complètement.

CHAPITRE IV

L'ASSOCIATION POUR LA VIE

Les constatations et déductions qui précèdent peuvent se résumer en deux syllogismes :

1. Les maux dont souffre l'humanité sont dus, pour la plus grande part, aux vices de l'organisation sociale ;

Cette organisation repose sur le principe fondamental de la lutte pour la vie entre les hommes ;

Donc, c'est le principe de la lutte pour la vie entre les hommes qui est responsable de la presque totalité de leurs maux.

2. La lutte pour la vie entre les hommes est due à l'insuffisance alimentaire ;

L'association pour la vie, qui est également une loi naturelle, peut faire cesser cette insuffisance ;

Donc, la substitution du principe d'association au principe de lutte mettra fin à la presque totalité de nos maux.

Il est entendu que la mineure du deuxième syllogisme, et par conséquent sa conclusion, est encore à démontrer. Ce sera l'objet de ce chapitre.

Mais avant d'établir de quoi l'association pour la vie est capable, il faut dire en quoi elle pourra consister.

En effet, si l'organisation sociale basée sur le principe de la lutte pour la vie nous est connue, puisqu'elle est notre ambiance et que nous en sommes les éléments, nous ignorons ce que pourrait être une société fondée sur le principe de l'association, puisqu'il n'en a jamais existé.

Non seulement nous l'ignorons, mais il faut déclarer nettement qu'il est impossible de prévoir dans le détail les organes dont elle sera composée.

Nous pouvons seulement induire du principe d'association les conséquences que son application devra forcément entraîner. Quant à fixer d'avance les modalités de cette application, il ne faut pas l'espérer, et cela pour deux raisons. D'une part on peut concevoir diverses formules assez sensiblement différentes les unes des autres et entre lesquelles les circonstances du moment détermineront le choix. D'autre part, la formule adoptée, loin d'être immuable, sera appelée à subir de constantes modifications : d'abord les retouches commandées par l'expérience, par la suite les transformations nécessitées par l'évolution elle-même.

Il est de toute évidence, en premier lieu, que l'association envisagée devra être universelle, car la constitution de plusieurs associations ne changerait pas grand'chose à la situation actuelle, puisque l'opposition d'intérêts continuerait à subsister entre elles et par conséquent la lutte pour la vie.

Pourtant on ne peut songer à donner simultanément les

mêmes institutions à tous les peuples, qui sont loin d'être
parvenus au même degré de civilisation. La division de
l'humanité en nations distinctes n'est pas arbitraire. Chacune
d'elles a sa vie propre ; c'est dans le cadre national que toute
réforme, petite ou grande, peut se réaliser. Il appartiendra
donc à la)nation la mieux préparée à une transformation
radicale d'en prendre l'initiative. Les bons résultats qu'elle
en obtiendra achèveront graduellement d'y amener les
autres. Et quand son exemple aura été suivi, rien ne sera
plus facile que de rattacher par un lien fédératif les nations
émancipées et de solidariser leurs intérêts, en attendant
l'unification totale qui s'établira peut-être un jour.

En second lieu, l'association devra être intégrale, c'est-à-
dire que tous les citoyens devront y entrer non seulement
par une adhésion platonique, mais de leur personne, avec
les moyens d'action physiques et intellectuels dont elle est
douée, et de la totalité de leurs biens, ou plus exactement
de la totalité des moyens de production dont ils pourront
être possesseurs.

Les objets mobiliers, et même les maisons d'habitation à
usage personnel, qui servent à leurs propriétaires sans leur
créer un revenu ne sont pas, en effet, des moyens de production. Il n'y a pas de raison pour les comprendre dans
l'association.

Mais cette exception devra être la seule, car laisser exister des entreprises privées, individuelles ou collectives, au
sein de l'association nationale serait perpétuer les oppositions d'intérêts, c'est-à-dire la lutte pour la vie dans sa

Deslinières   3

forme actuelle. Tout au plus pourra-t-on admettre, dans la période de transition et pour la faciliter, quelques survivances restreintes et temporaires de l'entreprise privée. Il y aura avantage à les liquider le plus vite possible.

Il faut appeler par son nom le régime de l'association nationale intégrale : ce sera le socialisme.

On pourrait peut-être également l'appeler coopération. car il ne sera pas autre chose que la coopération généralisée. Mais la coopération n'ayant été pratiquée jusqu'à ce jour que dans une forme fragmentaire, l'expression serait moins adéquate. Le mot socialisme correspond seul à l'idée d'une organisation d'ensemble.

Evidemment le socialisme soulève des préventions très vives, fondées en partie sur l'ignorance de ses véritables principes, en partie aussi sur les sottises qu'on a débitées en son nom. Mais quand on envisage un but aussi élevé que de mettre fin à la souffrance humaine, on ne peut s'arrêter à des questions de mots, ni à des répugnances instinctives qu'une étude approfondie et impartiale doit facilement dissiper.

Le socialisme a pour objectif direct la substitution de l'association intégrale à l'anarchie individualiste, ainsi qu'en témoigne sa formule : Socialisation des moyens de production et d'échange, c'est-à-dire transformation du régime capitaliste en régime collectiviste. Fréquemment, dans cette formule, il emploie le mot *nationalisation* au lieu du mot *socialisation*.

Pour atteindre ce but, le socialisme préconise principalement la conquête du pouvoir politique par le prolétariat organisé, lui donnant le moyen d'exproprier législativement la classe capitaliste.

Une école coopératiste croit pouvoir réaliser le même objectif par le développement méthodique de la coopération, débutant par la consommation et consacrant ses bénéfices à l'organisation de la production, graduellement étendue au fur et à mesure de l'acroissement des ressources.

Il est certain que si l'on pouvait déterminer tous les prolétaires à devenir coopérateurs et à abandonner au profit de l'œuvre d'émancipation les parts de bénéfices qu'ils en retirent périodiquement pour les dépenser, le capital initial grossirait très vite et la coopération ainsi organisée finirait par se substituer à toutes les entreprises privées en absorbant la totalité de l'actif national. Mais tous ceux qui ont étudié la question savent qu'on ne peut attendre de la classe ouvrière, dans sa mentalité actuelle, un tel effort et un tel sacrifice. On ne recrute des adhérents aux coopératives que par l'appât d'un avantage immédiat, et cet appât n'a même aucune action sur la majorité des travailleurs. En Angleterre, où le mouvement coopératif est le plus développé, la Fédération des Coopératives dite Wholesale ne groupe encore qu'une fraction assez faible des capitaux anglais. La coopération paraît donc un moyen bien lent d'atteindre le but, et son succès, subordonné au bon vouloir d'un trop grand nombre de citoyens, semble bien incertain.

Au fond, quelles que soient leurs modalités et le nom qu'on

leur donne, tous les systèmes de réorganisation économique tendant à faire cesser les antagonismes des intérêts privés par la mise en commun des moyens de production et de répartition relèvent du socialisme.

On constate d'ailleurs, dans le développement spontané de l'évolution économique, une tendance marquée vers la concentration des entreprises. Non seulement les progrès de la technique, en créant un outillage à grand rendement et par conséquent très coûteux, rendent impossible l'existence de la petite et de la moyenne industrie, mais la multiplication des moyens de transport a pour effet d'intensifier la concurrence au point de menacer la grande industrie elle-même. Aussi cherche-t-elle son salut dans des ententes nationales ou internationales avec ses similaires, sous forme de trusts, de cartells, de syndicats, de comptoirs, etc.

D'autre part, les grandes industries s'efforcent de plus en plus d'améliorer les conditions de leur production en s'annexant les industries dont elles étaient tributaires pour les matières premières, les transports, les constructions, etc....

Un mouvement analogue se manifeste dans le commerce, la finance et l'agriculture. Partout les entreprises privées cherchent dans l'association une protection contre les dangers croissants de la concurrence.

Mais les associations ainsi formées gardent leur caractère d'entreprises privées. Elles ne solidarisent les intérêts de leurs membres que pour leur permettre de combattre plus efficacement les ennemis du dehors, c'est-à-dire la main-d'œuvre, en quête de hauts salaires, et la consommation, avide de bas prix. La lutte pour la vie est déplacée, non supprimée.

Pour qu'elle disparaisse, il faut que toutes les entreprises privées, ou groupements d'entreprises, existantes, soient absorbées dans une seule qui, réunissant tous les producteurs et tous les consommateurs, devienne nationale, et ne laisse plus subsister aucune opposition d'intérêts.

Dans une brochure parue récemment (1) on a proposé la fusion de toutes les entreprises dans une association nationale, sorte de société anonyme dans laquelle des actions d'apport seraient attribuées aux possédants en échange de leur actif, et des actions de travail aux prolétaires. Les auteurs de cet ouvrage ont établi qu'une telle organisation — qui ne serait autre que le socialisme — serait seule en état de résoudre les difficultés de toute nature qui se trouveront accumulées à la fin de la guerre. Ils en ont esquissé les lignes générales et ont répondu aux objections qu'un tel projet peut soulever. Nous n'avons pas ici à entrer dans ces développements. Il serait trop long de rechercher et d'étudier en détail les diverses formules d'association pour la vie qui ont été ou seront proposées. Le présent ouvrage se propose seulement de montrer que l'association pour la vie n'est pas une conception purement imaginative, mais le dernier terme de l'évolution spontanée dont la force irrésis-

---

(1) *Organisons-nous,* par Lucien Deslinières et A. Fastout. Giard et Brière, éditeurs, 16, rue Soufflot, Paris. Prix, 2 francs.

tible fait passer l'homme de l'état d'isolement à l'état d'association, et qu'elle est déjà, à ce titre, le but des efforts de tous ceux qui cherchent l'amélioration de la condition humaine.

Ce que nous avons à mettre en lumière, ce sont les traits communs des différentes formules d'organisation envisagées pour réaliser l'association pour la vie, et aussi leurs conséquences certaines, indépendantes des particularités de chacune.

Sous le régime de l'association intégrale, c'est-à-dire du socialisme, ce qu'on a appelé jusqu'à ce jour le corps social cesse d'être une fiction pour devenir un organisme réel dont la fonction essentielle est d'assurer l'existence des cellules qui le composent.

Chacune de ces cellules, en d'autres termes, chaque être humain apporte en naissant son droit à la vie, c'est-à-dire à la quantité d'objets de consommation et d'usage indispensables à son existence. Mais il est clair que l'exercice de ce droit est subordonné pratiquement à la possession par le corps social d'une quantité de ces objets suffisante pour donner à chacun la part qui lui est nécessaire. Et comme ils sont le produit du travail, il s'ensuit que le droit à l'existence est inséparable du devoir de participer au travail commun.

Il va de soi que le travail ne peut être imposé qu'à ceux qui sont en état de l'exécuter, c'est-à-dire aux valides. On ne peut l'exiger des enfants, des vieillards, des infirmes, des malades et en général de tous ceux qui, temporairement ou définitivement, sont dans l'impossibilité de s'y livrer.

Un enfant travaillera quand il en aura l'âge ; un vieillard a travaillé pendant qu'il en avait la force, un malade reprendra le travail avec la santé. Le travail n'est possible que pendant une période de la vie ; les besoins sont de tous les instants. Il faut donc admettre comme un devoir du corps social envers ses membres de pourvoir à leurs besoins, de leur naissance à leur mort, et comme un devoir des membres envers le corps de prendre leur part du travail commun dans leur période de validité.

Chacun ne peut donner qu'un travail auquel il est physiquement et intellectuellement apte. On ne peut exiger davantage. Le plus faible, le plus borné, par le seul fait de se mettre à la disposition de la société pour contribuer, selon ses moyens, à l'œuvre commune doit recevoir une part des produits suffisante pour ses besoins. Et quant aux déshérités absolument impropres à tout travail, si leur droit ne s'appuie pas sur des services, la solidarité humaine n'en impose pas moins sa consécration.

Ainsi tout être humain doit être compris dans la répartition des produits. Mais la justice n'exige pas que toutes les parts soient égales, alors que les besoins et les services sont inégaux. Elle veut seulement que nulle part ne soit inférieure au minimum des besoins. Au-dessus de ce minimum, on peut et on doit admettre que chacun soit récompensé en proportion de ses services.

On peut et on doit admettre également qu'en dehors de

la rémunération de leur travail, les détenteurs des fortunes privées absorbées par la Nation auront droit à une part supplémentaire des produits proportionnelle à l'avoir de chacun. Théoriquement la légitimité des fortunes privées a été contestée. En équité et surtout si la réorganisation économique s'effectue du consentement général, il conviendra, pour la faciliter, de se montrer large envers tous. Evidemment la générosité de la Nation à l'égard des possédants sera en raison inverse de leurs résistances, et si leur aveuglement déchaînait une révolution violente, leurs intérêts courraient grand risque d'être totalement sacrifiés.

Dans aucun cas, d'ailleurs, l'indemnité à leur servir sous forme d'annuités ne pourra constituer pour la Nation une dette perpétuelle, et il y aura lieu d'en prévoir, soit l'amortissement, soit l'extinction, après un délai à déterminer.

Comme il a été dit plus haut, le droit à l'existence ne peut devenir une réalité que si les produits du travail sont en quantité suffisante pour que chacun reçoive la part qui lui est due. Or, il est évident que la production actuelle ne le permettrait pas, l'amélioration des conditions d'existence de la classe la plus pauvre devant se traduire par une notable augmentation de sa consommation. Il faudra donc produire davantage si l'on veut que les nouvelles institutions ne restent pas lettre morte. Le pourra-t-on ? C'est la mineure du deuxième syllogisme placé au début de ce chapitre, et il nous reste à l'établir.

L'affirmative n'est pas douteuse et c'est la conséquence

la plus immédiate et la plus décisive du principe fécond de l'association pour la vie.

La démonstration en a été faite dans la brochure récente *Organisons-nous*, citée plus haut, et surtout dans un livre plus important paru en 1899 : l'*Application du Système collectiviste*, par Lucien Deslinières, dont les affirmations et les chiffres, souvent reproduits, n'ont jamais été sérieusement contestés. Nous ne pouvons qu'y renvoyer le lecteur désireux d'aller au fond des choses. Il trouvera dans ces ouvrages non seulement la preuve évidente que l'association intégrale accroîtrait la production dans des proportions énormes, mais en outre la description détaillée — à titre de projet et non de prophétie, bien entendu — de la nouvelle organisation qui réaliserait ce principe, ainsi que des réponses catégoriques à toutes les objections qui peuvent lui être opposées.

Bornons-nous à en résumer l'idée essentielle, indispensable à l'intelligence de ce qui va suivre :

L'organisation nationale de la production et de la répartition, en absorbant toutes les entreprises privées, ferait disparaître tous les intermédiaires et parasites qui pullulent sous le régime actuel et généralement toutes les déperditions de force productive résultant de l'anarchie économique. Cette perte, d'après des évaluations modérées, basées sur les statistiques officielles, n'est pas moindre de 40 0/0 de la totalité des forces actives de la France. En rendant des millions d'inutiles à la production, on l'augmenterait dans la même proportion.

Mais l'augmentation serait bien plus forte encore.

Au point de vue agricole, les entreprises privées laissent en friche d'immenses surfaces cultivables ; elles emploient le plus souvent des procédés et un matériel arriérés qui réduisent les rendements à la moitié environ de ce qu'ils pourraient être si la culture était faite scientifiquement, comme elle le serait avec l'organisation nationale. Quant à notre vaste domaine colonial, presque rien n'a été fait pour sa mise en valeur, et il peut produire cinquante fois ou cent fois ce qu'il donne aujourd'hui.

Au point de vue industriel, les petits et moyens ateliers, encore si nombreux, ne travaillent qu'avec un outillage depuis longtemps abandonné par les grandes usines. Et même celles-ci, surtout en France, renouvellent rarement leur matériel au fur et à mesure des perfectionnements que la science y apporte. L'organisation industrielle nationale remplacerait tous les établissements attardés par des usines géantes spécialisées, qui réduiraient le prix de revient, en augmentant la production au delà de ce qu'on peut imaginer.

Le but de l'organisation nationale serait de mettre méthodiquement en œuvre, avec le concours de la science, toutes les forces de la nature pour le bien-être de l'homme. Pas un mètre carré de terre arable qui ne porterait le maximum des fruits qu'il peut donner ! Pas une mine qui resterait inexploitée, dans la limite des besoins de la métallurgie. Pas une source d'énergie : houille, pétrole, chutes et cours d'eau, air, marées, etc., dont on ne tirerait parti.

L'utilisation intensive des forces naturelles permettrait une réduction considérable de la main-d'œuvre. Avec un effort bien inférieur à celui qui se dépense actuellement, l'homme créerait une abondance des choses utiles à la vie hors de toute comparaison avec la production actuelle.

Bientôt, arrivé à la limite de ses besoins, même largement accrus par la possibilité de les satisfaire, il devrait mettre un frein à l'accroissement de la production, et à ce moment, après avoir réduit la durée de travail, une immense disponibilité de main-d'œuvre permettrait de réaliser le plus ambitieux programme d'amélioration des conditions de la vie qui se puisse concevoir.

Voilà ce dont il faut bien se pénétrer pour comprendre la possibilité d'anéantir presque entièrement la souffrance humaine. La disparition du principe de la lutte pour la vie, entraînant celle des entreprises privées et leur remplacement par une entreprise nationale, aboutira à une organisation scientifique de la production qui mettra pour toujours l'homme à l'abri du besoin et permettra d'améliorer les conditions de son existence au delà de ce qu'il peut rêver aujourd'hui.

C'est sur cette base, solidement établie par les ouvrages auxquels nous nous référons plus haut, que reposeront toutes nos déductions ultérieures.

Le deuxième syllogisme posé au début de ce chapitre se trouve donc justifié. Pourtant la démonstration est encore trop générale et *apriorique*. Pour la rendre décisive il faudra établir que chacun de nos maux en particulier dérive de là lutte pour la vie entre les hommes et comment il en dérive. Cette recherche, forcément assez longue, permettra d'ailleurs de distinguer nettement les maux d'origine naturelle, c'est-à-dire inévitables, des maux d'origine sociale, c'est-à-dire évitables, et en déterminant la proportion des uns et des autres, de fixer la mesure dans laquelle l'homme pourrait en être allégé par la transformation de ses institutions.

De plus, l'étude des causes directes de chaque mal d'origine sociale fera apparaître presque spontanément le moyen de le supprimer par application du principe de l'association pour la vie.

Pour accomplir cette dernière partie de notre tâche, nous allons étudier successivement les différentes sources où s'alimente l'immense fleuve de la douleur humaine.

CHAPITRE V

LA GUERRE

L'histoire de quelques millénaires semblait montrer un adoucissement graduel des mœurs de tous les peuples. Les âges barbares paraissaient se reculer de plus en plus dans le passé, et même les pessimistes qui niaient le progrès n'envisageaient guère la possibilité de leur retour. Et pourtant, au sein d'une quiétude presque générale a éclaté une guerre sans précédent par son développement mondial, par la férocité des procédés et par le nombre des victimes.

Que faut-il en conclure ? que la civilisation dont nous étions fiers, en qui nous avions confiance, n'était qu'un mince vernis étendu sur la sauvagerie primitive toujours vivace dans les profondeurs de l'humanité, comme la parure verdoyante de certains volcans laisse subsister dans les abîmes souterrains les forces de destruction qui n'attendentqu'une rupture d'équilibre pour éclater en éruptions dévastatrices.

C'est qu'en réalité, à toutes les époques, dans toutes les nations et par les modes les plus divers, l'œuvre de civilisation n'a eu pour objet que de protéger l'être humain contre les plus funestes conséquences de la lutte pour la vie. Aucun législateur n'a paru comprendre que l'unique remède, souverain et définitif, était dans la suppression du principe lui-même.

Les souffrances causées par la guerre sont trop cruellement et trop universellement ressenties pour qu'il soit nécessaire d'en indiquer les multiples formes. L'humanité est accablée par ce terrible fléau au point d'en oublier tous les autres et de croire que le jour où il prendra fin, une ère de bonheur s'ouvrira devant elle.

La guerre est évidemment la manifestation la plus violente de la lutte pour la vie entre les hommes. Sans aller jusqu'à prétendre que ce sont exclusivement des conflits d'intérêts qui arment les peuples les uns contre les autres, il faut reconnaître que les facteurs économiques en sont, de beaucoup, la principale cause. C'est l'opinion d'un savant impartial comme Le Dantec qui écrit dans *La Lutte universelle* :

« Les sentiments ont joué autrefois un rôle prépondérant dans la genèse des guerres ; aujourd'hui la lutte économique semble prendre la première place. »

A l'intérieur de chaque nation civilisée, les lois, appliquées par les tribunaux dont les sentences sont exécutées par la force publique, empêchent ordinairement les instincts individuels de se traduire par des vols à main armée aggra-

vés d'assassinats. Mais pour maintenir la paix entre nations, en réprimant les agressions des plus belliqueuses,
il n'existe ni conventions, ni juges, ni gendarmes.

Et pourtant les conflits d'intérêts s'élèvent entre peuples
aussi bien qu'entre individus, chacun d'eux constituant en
quelque sorte une association privée en concurrence avec
les autres et cherchant constamment à accroître sa richesse
à leurs dépens.

Le besoin d'une réglementation des rapports internationaux, d'une juridiction pour l'appliquer et d'une force suffisante pour la faire respecter, est donc tout aussi grand que
celui de ces mêmes institutions sur le terrain national. Mais
si l'humanité est ancienne sur sa planète, ses progrès sont
lents. Ce n'est que depuis une cinquantaine d'années qu'elle
a commencé à entrer dans cette voie, et elle l'a fait avec
une timidité extrême. Le tribunal de La Haye, les conventions d'arbitrage conclues entre certaines nations, ne
règlent amiablement que les différends les plus anodins,
laissant subsister ceux qui sont véritablement dangereux.
On attend beaucoup mieux de la Société des Nations dont
le projet, ébauché depuis environ dix ans, a reçu de l'adhésion du président Wilson un éclatant appui, bien qu'il rencontre encore de nombreux sceptiques et que la bonne foi
de tous ceux qui s'en déclarent partisans ne soit pas certaine.

Sans excès d'optimisme, on doit croire à sa réalisation et
en attendre une amélioration considérable de la situation
antérieure. Le monde est trop sous l'impression de la

guerre pour que les mesures provoquées contre elle ne triomphent pas des résistances qu'elles pourront rencontrer.

Mais le 'simple bon sens indique qu'elles ne seront pas absolument efficaces aussi longtemps qu'on n'aura pas fait disparaître, avec l'opposition d'intérêts entre nations, les conflits économiques devant en résulter.

Quelles que soient les sanctions qui pourront être imaginées, telles que le blocus pacifique et l'action d'une force armée internationale, elles seront parfois éludées par les intrigues de nations de proie, comme l'Allemagne d'aujourd'hui, qui sauront se ménager des complicités, semer des divisions dans le bloc international et paralyser les tentatives de répression. Comment espérer une parfaite solidarité, une loyauté irréprochable, un absolu désintéressement de la part des puissances engagées dans la Société des Nations, alors que les plus naïfs savent fort bien qu'on ne peut pas en demander tant aux particuliers qui se lient par des conventions, si leurs intérêts restent contradictoires ?

Qu'il s'agisse de sanctions économiques ou militaires, il se produira des coalitions, des passivités qui y feront obstacle. Si une petite puissance a encouru les foudres internationales, rien ne pourra, certes, l'en préserver. Mais que les Etats-Unis, la Russie régénérée par la démocratie et l'Allemagne s'entendent entre elles sur un terrain où leur intérêt sera commun. Où trouvera-t-on une force capable de les contraindre au respect de leurs engagements ? Une telle entente est invraisemblable aujourd'hui et sans doute le sera long-

temps. Peut-on répondre qu'elle ne se produira jamais ?
D'ailleurs à la place de l'Allemagne mettez l'Angleterre ou
le Japon. La situation sera la même.

Et même si les nations, en tant que nations, sont fidèles
à la foi jurée, pourront-elles répondre de tous leurs
membres ? La neutralité espagnole, hollandaise et scandi-
nave a-t-elle empêché le commerce privé de ravitailler
l'Allemagne, même dans des circonstances constituant des
violations ouvertes de cette neutralité ? L'intérêt privé
recule rarement, lorsqu'il y trouve un bénéfice, devant une
atteinte à l'intérêt de son propre pays. A plus forte raison
ne se laissera-t-il pas arrêter par la crainte de porter préju-
dice à des nations étrangères, de sorte qu'il sera fort difficile
de rendre effectif et rigoureux un blocus économique qui
aura pu être décrété.

C'est pourquoi, sans dénier à la Société des Nations en
voie de formation toute efficacité, il est impossible d'y voir
une garantie absolue et définitive.

Une telle garantie ne pourra résulter que de la substitution du principe d'association au principe de lutte dans les
rapports entre individus, ce qui entraînera forcément son
extension aux rapports internationaux.

Jadis le commerce extérieur n'avait qu'une importance
minime. Il s'est considérablement développé avec les facilités
apportées par la science à la production et aux transports.
Il arrive souvent que des entreprises privées trouvent plus
avantageux d'opérer à l'étranger que dans leur propre pays.
Elles s'efforcent d'y écouler les excédents de leur production

mal réglée ou d'y créer des établissements commerciaux, industriels, agricoles, financiers, d'y exploiter des concessions de mines, de chemins de fer, de ports, de monopoles, etc. Dans ces tentatives elles se heurtent aux compétitions des autres nations et font appel pour les vaincre à l'appui de leur gouvernement. Alors on voit celui-ci intervenir, soit pour abaisser des barrières douanières, soit pour obtenir de grosses commandes, ou des avantages de toute nature pour ses nationaux. L'Allemagne, particulièrement, n'a reculé devant aucun moyen d'influence ou de pression pour favoriser son expansion. Elle s'est tracé un programme de conquête économique du monde entier et en a savamment organisé l'exécution avec une ténacité incomparable. Mais comment une telle ambition n'aurait-elle pas provoqué le vaste conflit actuel ? Le monde ne pouvait accepter le servage économique qu'on lui préparait, et qui n'était que le prélude [de son asservissement [politique, de son absorption finale par l'orgueilleuse Germanie.

Certes, c'est la volonté du kaiser, inspirée par les chefs de l'armée, qui a déchaîné la guerre. Mais la guerre n'était qu'un moyen d'assurer et de précipiter la conquête économique ; elle répondait peut-être d'ailleurs à des nécessités économiques impérieuses quoique dissimulées ; et c'est pourquoi le peuple allemand tout entier l'a voulue.

On ne conteste guère que la principale cause des guerres modernes soit les antagonismes économiques qui divisent les nations. Ceux qui accordent la prépondérance aux autres facteurs comme les ambitions du despotisme, les haines de races, l'effort d'émancipation des peuples opprimés ne s'aperçoivent pas que tous dérivent du principe primordial de la lutte pour la vie. A notre époque les despotes ne peuvent guère se déterminer par de simples fantaisies de leur bon plaisir à envoyer leurs sujets à la boucherie. Les guerres ne sont possibles que du consentement, au moins tacite, de ces derniers, c'est-à-dire s'ils en escomptent un surcroît de richesse et de bien-être. Quant aux nationalités, si elles cherchent à se constituer ou à se refaire, n'est-ce pas parce qu'elles attendent de leur indépendance et de leur unité de meilleures conditions d'existence ? N'est-ce pas dans le même but que sont entreprises les conquêtes coloniales ? C'est donc bien la satisfaction des besoins matériels, dans la plus large mesure et avec le maximum de sécurité, qui jette les peuples les uns contre les autres, quelle que soit la cause apparente des conflits.

Il n'est pas interdit d'espérer que la dure leçon infligée à l'Allemagne restreindra ses appétits et la rendra pacifique. Ce n'est pas certain, pourtant. L'Allemagne, prolifique, trop étroitement resserrée par des mesures restrictives, dépouillée de ses colonies, peut à un moment donné se jeter de nouveau dans la guerre avec l'énergie du désespoir. Redevenue puissante, elle pourra retrouver ses ambitions momentanément réfrénées. Mais n'y a-t-il donc que l'Allemagne qui puisse devenir un danger ? Qui peut répondre de ce que sera, dans vingt ans, dans cinquante ans, la mentalité de tel ou tel autre peuple ? Il faut être aveugle pour se dissimuler que le principe de la lutte économique accumule dans le monde des matières inflammables et explosives, et que d'un choc d'intérêts particulièrement violent l'étincelle fatale doit jaillir tôt ou tard.

La sécurité complète n'existera donc pour les hommes que lorsqu'ils auront remplacé le principe de lutte par le principe d'association. Alors les guerres seront impossibles, on le comprend aisément, et pourtant il est nécessaire d'en apporter une démonstration rigoureuse.

Tout d'abord il est clair qu'une telle transformation, accomplie par une seule nation, ou par un petit nombre d'entre elles, ne suffirait pas pour atteindre le but. Aucune de ces nations ne provoquerait la guerre ; attaquées, elles seraient en état d'opposer à l'agresseur une résistance infiniment plus forte que si elles étaient restées individualisées, à raison de la supériorité de l'organisation de leur production et de leur surabondance de main-d'œuvre permettant de formidables armements et travaux défensifs. Mais enfin elles resteraient exposées à une agression.

La paix définitive ne pourra devenir absolument certaine qu'après que toutes les nations du monde, ou du moins toutes les plus puissantes, se seront donné des institutions mettant fin à la lutte économique. On pourra en effet négliger les facteurs de trouble que seront les quelques nations attardées et faibles qui n'auront pas accompli cette transformation.

Que se passera-t-il alors ? C'est ce qu'il faut examiner de très près pour arriver à la certitude qu'aucune cause de conflit ne pourra persister.

Le commerce extérieur des nations cessera d'être aux mains d'entreprises privées. Chacune ne sera, au regard des autres, qu'une seule maison chargée de l'ensemble des échanges.

Tout d'abord il y aura avantage pour toutes à réduire ces échanges au [minimum, ne fût-ce que pour éviter des transports inutiles. Alors qu'aujourd'hui le libre jeu des initiatives individuelles, agissant en vue de leur profit particulier, multiplie les déplacements de marchandises, certains commerçants exportant des produits que d'autres importent dans le même temps, chaque nation s'attachera à ne rien demander à l'étranger de ce qu'elle pourra se procurer chez elle ou dans ses colonies. Elle organisera systématiquement sa production en conséquence.

Évidemment les conditions climatériques et économiques particulières aux divers pays ne leur permettront pas de se suffire à eux-mêmes, et il y aura toujours nécessité à maintenir un mouvement d'échanges, minime chez les uns, plus actif chez les autres, en vue de compléter la production intérieure en ce qui concerne les articles pour lesquels elle sera inférieure à la consommation. Mais les exportations de chaque pays ne dépasseront jamais le montant de ses importations, fixé lui-même par l'insuffisance de sa production. Il y aura équivalence entre les entrées et les sorties. Chaque pays s'attachera à développer les branches de sa production pour lesquelles il se trouvera dans des conditions favorables, afin d'échanger les excédents de sa consommation contre les produits qui lui font défaut, ou qu'il ne peut obtenir qu'à des prix de revient excessifs.

Il deviendra dès lors possible de dresser chaque année l'état prévisionnel du commerce international, c'est-à-dire d'en régler d'avance toutes les opérations.

Chaque nation fournira l'état de ce dont dont elle a besoin et de ce qu'elle peut exporter.

Un bureau d'échanges international arbitrera la valeur moyenne de chaque produit. Ses estimations varieront peu d'une année à l'autre, car il n'y aura plus alors de loi de l'offre et de la demande pour perturber les prix, qui seront basés sur le coût de la production (1). C'est parce que ce coût ne sera pas le même dans tous les pays qu'il deviendra nécessaire de déterminer une moyenne internationale, grâce à laquelle chaque nation pourra établir une équivalence parfaite entre ses importations et ses exportations.

Le bureau d'échanges international répartira ensuite l'exportation de chaque nation entre celles des nations les plus rapprochées qui seront importatrices de ses produits. Il remettra à chaque nation le tableau de celles à qui elle devra livrer ce qu'elle a en trop et de celles qui devront lui fournir ce qui lui manque. Tout étant minutieusement

---

(1) Qu'on n'objecte pas que la production agricole est trop variable par sa nature pour permettre cette fixité des cours, car il sera facilé et nécessaire de l'équilibrer par la création de magasins de réserve où chaque nation entreposera ses récoltes surabondantes pour y puiser les années de disette. C'est ce qu'on faisait en Egypte au temps des Pharaons.

réglé, il ne pourra y avoir aucune difficulté dans l'exécution.

Dans la pratique, toutefois, ce sera un peu moins simple. Ainsi il arrivera forcément que le total des possibilités d'exportation de l'ensemble des nations pour un produit déterminé dépassera les possibilités d'importation. Et même à moins d'un hasard, l'équilibre ne s'établira spontanément pour aucun produit. Mais il appartiendra au bureau international de l'assurer, et ce sera toujours facile. Par des négociations avec les diverses nations, il les amènera à diminuer leur production des marchandises en excédent et à la reporter sur les objets qui feront défaut. Il rencontrera souvent des résistances, chaque nation préférant livrer aux échanges internationaux les objets qu'elle produit à meilleur compte. Le bureau atteindra son but en abaissant la valeur moyenne des produits surabondants et en relevant celle des produits déficitaires. Finalement il arrivera toujours à assurer un écoulement à la totalité de chacun des produits livrés à l'exportation. Notons d'ailleurs que ces difficultés n'existeront qu'au début de l'entente internationale et qu'elles ne pourront se reproduire quand elles auront été levées.

Ainsi au lieu de lutter les uns contre les autres pour la conquête des débouchés extérieurs, les peuples s'entendront pour se venir mutuellement en aide en se fournissant ce dont ils auront besoin.

Pendant une assez longue période encore, il existera des

peuples riches et des peuples pauvres, selon le plus ou moins de richesses naturelles des contrées qu'ils occuperont et la densité de leur population par rapport aux ressources qu'ils pourront se créer. Mais peu à peu le sentiment national s'affaiblira dans la sécurité universelle. Tous les hommes se sentiront frères. Un courant d'émigration s'établira des pays pauvres et surpeuplés aux pays fertiles à population peu dense. Les frontières s'effaceront, les langues se confondront et l'unification de l'humanité sera complète.

Inutile d'envisager ces perspectives lointaines pour comprendre la supériorité de l'association sur la lutte, de la solidarité sur l'antagonisme. Elle apparaît comme un bienfait assez grand et assez proche.

Inutile également de s'inquiéter de ce qui pourra se produire à l'époque reculée où l'espèce humaine, multipliée par l'abondance et la paix, se trouvera trop à l'étroit sur sa planète. Si les progrès de la chimie synthétique ne suffisent pas à conjurer le danger, ce sera le moment pour les malthusiens de faire prévaloir leurs méthodes limitatives, aujourd'hui prématurées. N'anticipons pas sur les événements.

Pour revenir aux réalités, une sérieuse objection pourra encore être soulevée contre la réalisation de l'association internationale. On dira : Pourquoi les nations riches et puissantes accepteraient-elles la limitation de leur exportation aux besoins de leur importation ? N'auraient-elles pas un intérêt manifeste à développer la première pour accroître encore leur richesse ?

Non, elles n'y auraient aucun intérêt tangible, en supposant même que le bloc des nations fédérées n'oppose pas des barrières infranchissables à l'invasion de leurs marchandises.

Supposons une nation exceptionnellement favorisée, industrieuse et égoïste, se proposant un tel but et réussissant à écouler ses produits. Chaque année elle encaissera des sommes bien supérieures à celles qu'elle devra décaisser pour ses achats. Elle drainera donc peu à peu toute la monnaie réelle ou fiduciaire des autres nations. Elle en fera des accumulations énormes. Il viendra un moment où elle monopolisera l'or et l'argent actuellement en circulation dans le monde entier.

Mais quel avantage réel en retireront ses nationaux ? Leurs jouissances n'en seront pas accrues dans la plus faible mesure. Si au lieu de faire rentrer de l'or, elle faisait rentrer des marchandises pour une valeur égale à celle des sorties, elle pourrait les employer à augmenter son bien-être et son luxe. Mais de l'or et du papier ne se consomment pas. Le seul moyen pour un peuple d'améliorer ses condition de vie sera donc de créer de grosses disponibilités des marchandises qu'il peut produire à bon compte pour les échanger contre une valeur égale de marchandises étrangères complémentaires de sa production. Mais c'est précisément la base de l'entente internationale, et, par conséquent, nul gouvernement ne pourra songer à rester en dehors ni à enfreindre ses lois.

Le seul intérêt que pourront avoir les nations privilégiées, ce sera de développer parallèlement leurs exportations et leurs importations. Tant que leurs offres ne seront pas supérieures aux facultés d'échange des autres nations, elles seront agréées par le bureau international. Si elles deviennent exagérées, on refusera le surplus, et les nations à qui sera opposée cette fin de non-recevoir, devront bien s'incliner devant l'impossibilité matérielle. Elles en seront quittes pour une légère restriction de leur bien-être déjà grand, et par contre elles auront à fournir une somme de travail un peu moindre.

Il convient aussi de se demander quelle sera la situation des nations trop pauvres pour pouvoir élever leur exportation au niveau de leurs besoins d'importation. Elles devront évidemment réduire leur consommation, si nécessité l'ingénieuse ne leur fournit pas, la science aidant, des moyens de tirer un meilleur parti de leurs faibles ressources. Le plus souvent elles arriveront à se créer des industries qui suppléeront à l'insuffisance de leur richesse naturelle. Dans le cas contraire, leurs habitants auront le choix entre une existence réduite sur la terre natale et une plus large dans des pays plus favorisés. Les contrées tout à fait déshéritées se dépeupleront ; les autres verront s'équilibrer peu à peu leur population et leurs ressources. Il pourra arriver aussi que certains peuples s'absorberont dans d'autres. Mais aucun de ces mouvements ne sera déterminé par la contrainte, et loin d'entraîner une aggravation de la situation antérieure, ils se traduiront toujours par son amélioration.

Au nombre des questions trop lointaines pour justifier des préoccupations immédiates, figure celle des races inférieures, occupant les territoires où les peuples les plus civilisés se sont taillé leurs domaines coloniaux. Dans l'état actuel de ces races, elles auront tout à gagner à la tutelle des peuples supérieurs, à partir du moment où, cessant de les exploiter, ceux-ci les appelleront à bénéficier des avantages de la solidarité humaine. Ce serait au contraire un grand malheur pour elles si, obéissant à des scrupules sans fondement, les peuples dominateurs, sous prétexte de respecter leur liberté, les rendaient à leur sauvagerie ou à leurs instincts anarchiques. Il faut donc admettre que les puissances conserveront leurs colonies, sauf à se les répartir avec plus d'équité, mais qu'en les mettant en valeur elles auront le devoir de donner des garanties positives au droit à l'existence que leurs sujets possèdent au même titre que leurs citoyens. Cela ne veut pas dire qu'elles seront tenues d'introduire chez des peuplades attardées les raffinements des plus hautes civilisations, mais seulement qu'elles devront leur assurer, avec la sécurité, la satisfaction de leurs besoins réduits. Elles devront, en deuxième lieu, les élever graduellement vers un état social aussi rapproché du nôtre que possible. Les races attardées arriveront-elles un jour à nous égaler et, par suite, seront-elles en droit de revendiquer une pleine indépendance ? L'avenir le dira.

Observons que les abus inqualifiables qui ont rendu la politique coloniale odieuse à tant d'esprits généreux résultent tous d'initiatives privées irresponsables et qui ne reculent devant aucune injustice, devant aucune violence, pour s'assurer des profits. Ce sont elles qui poussent à l'occupation par la force des territoires coloniaux et qui, ensuite, spolient et dépouillent cyniquement les malheureux indigènes livrés sans défense à leurs exactions. Un gouvernement fondé sur le principe de l'association, se chargeant lui-même de la mise en valeur de ses colonies, écartant par conséquent les malfaisantes actions privées, ne se manifesterait aux indigènes que par des bienfaits.

Il existe aussi des civilisés de second ordre, incapables de marcher du même pas que les peuples les plus avancés, et qu'on ne peut cependant assimiler à des sauvages, ou qui, par défaut d'activité, semblent impuissants à occuper et à organiser les territoires qu'ils occupent. Exemple : les Turcs, les Chinois, la plupart des républiques sud-américaines. Leur existence soulèvera des questions complexes et délicates, mais qui, en aucun cas, ne pourront se résoudre en violences, à partir du moment où le principe de l'association aura triomphé. Des ententes interviendront forcément entre les peuples actifs, resserrés dans des frontières trop étroites et les peuples indolents qui s'étalent à l'aise dans de vastes étendues, pour la mise en valeur de la partie inutilisée ou insuffisamment utilisée du territoire de ces derniers, ainsi que pour l'exécution des grands travaux publics qui y seront nécessaires, chemins de fer, ports, canaux, pour l'exploitation des mines, des monopoles d'État et généralement pour toutes les entreprises que ces nations, incapables de les mener à bien elles-mêmes, confient actuelle-

ment à des sociétés privées étrangères. Les compétitions qui se produisent entre ces dernières et créent des
dangers permanents de conflits internationaux, cesseront
d'exister et les ententes qui les remplaceront se con-
cluront, non plus séparément et sous la menace, mais dans
le sein de la Société des Nations et sur les bases de
l'équité, sans qu'il puisse en résulter aucun trouble. Alors,
mais seulement alors, il n'y aura plus de diplomatie
secrète, et tout se passera en pleine lumière et en pleine
paix.

Ainsi la substitution du principe de l'association au principe de la lutte supprimera radicalement les oppositions
d'intérêts non seulement entre les hommes, mais entre les
peuples. Les divergences qui pourront s'élever pour le rè-
glement des affaires communes ne s'envenimeront donc jamais, et les décisions du Conseil des Nations à leur égard
seront exécutées de bonne foi et de bonne volonté par tous
les intéressés.

Par conséquent, toutes les nations renonceront aux
armements qui les ruinent, et se borneront à avoir, pour
le maintien de l'ordre à l'intérieur, des forces de
police d'autant plus réduites que la fin de la lutte des
classes entraînera celle des agitations ouvrières et que,
d'autre part, ainsi qu'on le verra plus loin, la criminalité
disparaîtra également d'une manière à peu près complète.

Lorsqu'il n'y aura plus d'armées ni de conflits d'intérêts,
dans le monde régénéré par la solidarité, comment des
guerres pourraient-elles y éclater encore ?

Autant seraient précaires les garanties de paix d'une Société entre Nations restées assujetties au principe de la
lutte pour la vie, autant seront absolues celles d'une Société
entre Nations basées sur le principe de l'association.

La barbarie séculaire aura vécu pour toujours.

CHAPITRE VI

LA MISÈRE

Le mal engendre le mal, et après avoir été un effet, il devient une cause à son tour. C'est le cas notamment pour la misère qui résulte de la mauvaise organisation sociale et d'où résultent tant de maladies, de vices et de crimes. Nous n'en parlerons ici que comme fait général, ses conséquences devant être examinées aux chapitres suivants.

Un gros volume serait nécessaire pour tracer un tableau de la misère, même restreint à notre pays, en montrer toute l'étendue, en rechercher les causes particulières. Une telle monographie ne serait pas sans utilité : elle ouvrirait les yeux à nombre de gens poussés par l'égoïsme, sinon à nier le mal, du moins à en contester la gravité. Nous ne pouvons songer à l'entreprendre ici. D'ailleurs elle existe à l'état fragmentaire dans nombre d'ouvrages et de statistiques.

Nous devons nous borner à établir, pour la justification de notre thèse, que la misère est la conséquence directe et fatale du principe de la lutte pour la vie.

Ce qui caractérise le régime individualiste, expression de ce principe, c'est l'absence de toute garantie d'existence aux êtres humains. Chacun pour soi en est la devise. Ni le corps social ni les privilégiés de la fortune n'ont d'obligations envers les déshérités. Il incombe à chacun de pourvoir par son travail à ses besoins et à ceux de sa famille. Encore n'y aurait-il pas grand mal à cela si le droit au travail était reconnu à ceux qui ne possèdent rien, et si leur salaire était suffisant pour les faire vivre, eux et tous les membres de leur famille incapables de travailler. Mais le droit au travail ne pourrait devenir une loi de l'Etat que si l'Etat était lui-même en possession de la terre, des mines, des usines, des moyens de transport, etc. Alors il pourrait donner à chacun sa part de travail et lui assurer un salaire rémunérateur. Au contraire, sous le régime de l'entreprise privée, l'Etat ne possédant presque rien en propre et ne pouvant imposer aux chefs d'industrie un personnel en surnombre, est dans l'impossibilité de donner cette garantie aux travailleurs. Non seulement les entreprises privées n'ouvrent pas leurs chantiers par considérations humanitaires aux chômeurs dont elles n'ont pas besoin, mais la concurrence les oblige à perfectionner sans cesse leur outillage, chaque perfectionnement ayant pour effet de remplacer par le travail mécanique une partie du travail humain et de jeter sur le pavé un certain nombre de travailleurs. De plus, la même loi inexorable de la concurrence oblige chaque patron à réduire les salaires autant qu'ils le peuvent, ce qui leur est trop souvent facile à raison de la surabondance de l'offre de main-d'œuvre résultant des chômages créés par les progrès du machinisme.

Les économistes officiels affirment, il est vrai, que, dans la pratique tout s'arrange, et que l'extension de l'outillage mécanique, en abaissant le prix de revient, augmente la consommation et annule ainsi les diminutions de personnel qu'elle a causées ; mais cette conséquence n'est ni générale, ni certaine, ni immédiate. Et chaque fois qu'elle manque à se produire, que de souffrances dans les familles ouvrières livrées au plus complet dénûment !

Ce n'est pas tout d'ailleurs : en admettant même que d'ordinaire les familles aient des moyens d'existence, plus ou moins précaires et plus ou moins suffisants, tant que leur chef trouve un emploi assez rétribué, que deviennent-elles quand une maladie, une blessure, une infirmité, les prive temporairement de leur soutien, ou quand la mort le leur enlève pour toujours ? Alors tous ces faibles : orphelins, vieillards, veuves, infirmes, n'ont à espérer que les secours problématiques et toujours insuffisants de l'assistance publique ou privée.

Voilà la source profonde de la misère, source intarissable sous le régime de la lutte pour la vie, mais qui se tarirait instantanément avec celui de l'association fondé, comme on l'a vu plus haut, sur le droit au travail pour les valides, le droit pour ceux qui ne peuvent travailler à des secours sociaux assurant la pleine satisfaction de leurs besoins, et donnant à ces droits une garantie effective par la production surabondante de toutes les choses utiles à la vie. Plus

Deslinières   5

de paupérisme, plus de mendicité, plus de haillonneux,
plus de faméliques, plus de grelottants. Un bon logement,
une bonne nourriture, de bons vêtements à tous ! Est-il
possible qu'une telle perspective, si facile à réaliser, ne soulève pas un courant d'enthousiasme capable d'emporter
tous les obstacles !

Remarquons que si l'assistance publique et l'assistance privée sont bien loin d'atteindre leur but et de
soulager toutes les misères, elles n'en sont pas moins
une charge énorme. Qui peut établir le total de leurs
dépenses ? Mais, faute d'organisation, une grande partie de ces sacrifices est perdue, soit qu'elle représente
des dépenses d'administration excessives, soit que les
dons destinés aux vrais pauvres se trouvent parfois dé-
tournés par des simulateurs, soit parce que les uns tou-
chent plusieurs parts, alors que d'autres n'en reçoivent
aucune.

Non seulement une société solidaire ferait disparaître
tous les parasitismes, mais en échange de son assistance
intégrale, elle serait en droit d'enrôler dans l'armée du travail nombre de paresseux, résignés à vivre de la sportule,
de jeunes gens, de femmes et même de vieillards capables
d'accomplir une tâche peu pénible. Il est commode aujour-
d'hui de dire en sollicitant un secours qu'on ne trouve pas
de travail, puisque c'est souvent la vérité. L'association
nationale ne se paierait pas de cette excuse, puisque, maîtresse de toutes les branches de la production et des
échanges, elle organiserait le travail social de façon à donner

à tous les bras une occupation en rapport avec leurs moyens. Ainsi, par la récupération des forces perdues, elle retrouverait largement l'équivalent de ses charges, affirmant, à cet égard comme toujours, la supériorité de l'organisation sur l'anarchie.

CHAPITRE VII

PLAIES SOCIALES DIVERSES : MENDICITÉ ET VAGABONDAGE —
CRIMINALITÉ — PROSTITUTION — ALCOOLISME — MALTHUSIANISME

Ecartons tout d'abord l'objection sophistique, qui pourra
être soulevée, que les plaies sociales énumérées dans le titre
de ce chapitre n'ont pas leur place dans un ouvrage consacré
à la souffrance humaine. Le mendiant et le vagabond,
dira-t-on, sont souvent plus libres et aussi bien nourris que
l'ouvrier courbé dix ou douze heures par jour sur son travail ; le criminel profite souvent de ses forfaits ; la prostituée est plus heureuse dans son oisiveté, parfois dorée,
que l'humble couturière dans sa mansarde ; l'alcoolique
trouve des joies dans son vice ; le malthusien évite les
charges de la famille pour augmenter ses jouissances per-
sonnelles.

Il est vrai que si l'on envisage la situation de tous ces
membres tarés du corps social par rapport à celle des
membres sains les plus déshérités, la comparaison peut, à
certains égards, leur être favorable. Mais si cette comparaison est transportée dans le milieu supérieur d'une société

solidaire, la conclusion change du tout au tout. Combien le mendiant et le vagabond, si souvent sans pain, sans toit, et sans feu, la prostituée assujettie aux plus répugnantes obligations, exposée à la brutalité et aux pires dangers, le criminel avec ses continuelles angoisses et le rigoureux châtiment qu'il arrive rarement à éviter, l'alcoolique dé-gradé conduit par son vice à de cruelles maladies et à une mort prématurée, le malthusien qui s'est privé des joies de la famille et ressent, à mesure qu'il avance en âge, les horreurs de la solitude, ont une existence misérable à côté des plus modestes travailleurs sous le régime de l'associa-tion ! Ceux-ci, vivant dans le bien-être et la sécurité, au mi-lieu de leur famille, exempts d'inquiétudes, protégés par la solidarité sociale contre tout danger !

D'ailleurs à côté du mal que les tarés et les vicieux se font à eux-mêmes, il faut compter le mal bien plus grand qu'ils font à leurs proches et à la société tout entière. Et ce côté de la question est tellement évident qu'il est superflu d'y insister.

Pour vaincre et abolir la souffrance humaine, il faut donc bien cautériser toutes les plaies sociales.

La mendicité et le vagabondage naissent surtout de la misère, mais un peu aussi de la paresse. Ils ont encore une cause spéciale : la difficulté de trouver du travail pour qui-conque a des antécédents judiciaires.

Pourquoi y a-t-il des paresseux ? En dehors de quelques exceptions, pour qui la paresse est un dilettantisme, on peut dire que ce vice est né de ce que trop souvent le travail est difficile à trouver, pénible et mal rétribué. Il faut pour accepter certaines conditions d'existence un courage persévérant que tous ne peuvent posséder. Beaucoup se rebutent, s'abandonnent, tombent au rang de déchets sociaux. Les obstacles sont particulièrement grands pour les pauvres diables atteints par une condamnation, bien souvent disproportionnée à leur faute. Devant eux toutes les portes se ferment. Il ne leur reste que la grande route...

Ce serait une erreur de croire que le nombre des gens qui vivent en marge de la société soit minime. D'après les statistiques officielles, la population non classée s'élève en France à 1.300.000 personnes et si ce gros chiffre comprend un certain nombre d'éléments réguliers, il représente surtout une population hétéroclite vivant d'expédients. L'application du principe de l'association rendra presque tous ces malheureux à la vie normale. On organisera au besoin, en France et aux colonies, des chantiers spéciaux pour y grouper les repris de justice qui pourraient contaminer la partie saine de la population ouvrière. En aucun cas l'existence d'une ou de plusieurs condamnations n'empêchera de trouver du travail honnête.

D'autre part, le travail sera abrégé et rendu moins fatigant par l'emploi de la force mécanique partout où elle peut atténuer l'effort de l'homme. Il sera aussi rendu plus attrayant, moins monotone, une organisation d'ensemble permettant de le diversifier. Les besognes répugnantes ou dangereuses seront évitées ou rendues plus courtes. Dans

ces conditions, les paresseux n'auront plus d'excuses. S'il
en reste encore quelques-uns, la société leur offrira géné-
reusement une paillasse, un toit et du pain, pour les empêcher de mourir de faim tout en n'encourageant pas leur
vocation.

La question de la criminalité est plus complexe. Si la misère en est encore la grande pourvoyeuse, elle est étran-
gère à un certain nombre de méfaits et d'attentats.

Un mot d'abord de la criminalité juvénile dont le
rapide développement inquiète nos moralistes. L'une de ses
principales causes est la législation protectrice du travail
des enfants et jeunes gens. Les ateliers occupant des adolescents au-desssus d'un certain âge sont soumis à des obligations si gênantes pour les patrons qu'ils refusent d'embau-
cher quiconque n'a pas atteint le minimum d'âge fixé par
les lois.

Dès lors, entre le moment où ils quittent l'école et celui
où ils seront admis à travailler, les jeunes gens restent
oisifs. S'ils ne sont pas alors retenus au foyer familial, ils
glissent à la rue. Or, le foyer familial, qui n'est pas toujours
très pur, est souvent déserté toute la journée par le père et
la mère qui sont à l'atelier. Les enfants livrés à eux-mêmes
deviennent des voyous, puis par une gradation insensible
des souteneurs et des apaches.

Les mauvais exemples des parents provoquent ou accé-
lèrent souvent cette funeste évolution. Tantôt c'est le père
qui se grise et roue de coups sa femme et ses enfants, tan-

tôt c'est la mère qui se prostitue. Tantôt le ménage tombe plus bas encore, au rang des malfaiteurs déclarés. Quelle chance y a-t-il pour un enfant de rester honnête au milieu de cette fange ?

La loi autorise bien les magistrats à retirer aux parents indignes la tutelle de leurs enfants. Mais dans combien de cas est-elle appliquée ?

Quant aux maisons de correction, asiles et colonies disci- plinaires, institués pour amender l'adolescence dévoyée, on sait qu'ils achèvent presque toujours de corrompre les sujets qu'on y envoie.

Sous le régime de l'association, tous les enfants seraient à la charge de la société jusqu'au jour où ils pourraient participer au travail. Ils resteraient tard à l'école, où l'ensei- gnement théorique alternerait avec l'enseignement profes- sionnel, et n'en sortiraient que pour entrer à l'atelier, au bureau, au magasin, ou dans une exploitation agricole. L'organisation générale du travail assignerait à chacun sa place, sans exception possible. Comment, dans ces condi- tions, les enfants pourraient-ils mal tourner ? Il faudrait comp- ter évidemment avec les tares héréditaires qui, même dans un milieu parfaitement assaini, en pousseraient quelques- uns vers le mal. Mais ceux-là seraient aussitôt mis à part et placés dans l'impossibilité de nuire, quoique traités humai- nement. D'ailleurs quelques générations suffiraient pour éliminer ces mauvais éléments.

Les causes générales de la criminalité des enfants et adolescents se confondent avec celles de la criminalité des

adultes. Leur recherche a fait l'objet de savantes études
dont les conclusions diffèrent souvent sans être contradictoires. Le plus grand nombre et les plus autorisés des cri-
nalistes donnent la prépondérance aux facteurs sociaux ;
certains vont même jusqu'à leur accorder l'exclusivité.

Le professeur Lacassagne, de Lyon, a résumé cette
théorie en quelques aphorismes bien connus :

« Les sociétés n'ont que les criminels qu'elles méritent.

« Le criminel, c'est le microbe ; le milieu social, c'est le
bouillon de culture de la criminalité. »

Ce qui revient à dire que, dans une société parfaitement
saine, le crime n'existerait pas. C'est absolument notre
opinion.

Quettelet écrit dans sa *Physique sociale* :

« La société renferme en elle les germes de tous les crimes
qui vont se commettre. C'est elle, en quelque sorte, qui les
prépare, et le coupable n'est que l'instrument qui les exé-
cute. »

Le professeur Manouvrier, dans sa *Genèse normale du
crime*, écrit :

« La lutte pour l'existence et le bien-être est réglée par
les lois sociales. Si celles-ci étaient parfaites, chaque individu
pourrait satisfaire à ses besoins dans une mesure équitable,
c'est-à-dire dans la mesure de ses facultés, de son travail et
des services qu'il rend à la communauté. Les crimes seraient
diminués alors dans une énorme proportion, mais ils ne
seraient pas supprimés... »

L'éminent criminaliste a raison de dire que la rémunéraration équitable du travail et des services ne supprimerait pas complètement la criminalité, car cette répartition des produits laisserait à l'écart ceux que leur faiblesse physique ou intellectuelle empêche de participer au travail social. Elle ne serait donc pas complètement équitable et les besoins inassouvis qu'elle laisserait subsister seraient encore des facteurs de crimes. Mais si, en récompensant les services, on garantit à tous un minimum correspondant à une satisfaction suffisante de leurs besoins, ce qui est une des règles fondamentales du socialisme, on étouffe entièrement ce foyer de criminalité.

La thèse du criminel-né de Lombroso, d'après laquelle les sujets atteints de certaines tares physiologiques héréditaires deviendront fatalement des criminels, ne s'oppose pas à la précédente, car qu'est-ce que l'hérédité, sinon le produit du milieu antérieur ? D'ailleurs le fatalisme trop rigoureux de Lombroso n'a été admis qu'avec des atténuations qui en font un simple déterminisme. Qu'il y ait des prédispositions innées, c'est indiscutable ; mais elles ne se traduiront en actes criminels que si les circonstances extérieures s'y prêtent. Lombroso lui-même a reconnu que « le facteur économique a une grande influence sur la criminalité ».

Son collaborateur Enrico Ferri est beaucoup plus affirmatif:

« Si la misère, écrit-il, n'est pas l'unique et exclusive cause de la dégénérescence humaine, elle en est la principale. »

Avec la netteté de son esprit, Ferri montre le remède à côté du mal. Nous laissons bien volontiers ce maître exprimer notre propre pensée :

« Le socialisme prétend et prouve que la misère de la classe laborieuse disparaîtra après l'introduction du système socialiste et de la forme de production socialiste. Il est donc évident que, dans un état socialiste, avec la suppression de la misère, on aurait la disparition de la cause principale de la dégénérescence du peuple dans ses formes chroniques et épidémiques de maladies, criminalité et folie. Bien plus, qui donc ne voit pas chaque jour que même dans la bourgeoisie et dans l'aristocratie, la fièvre de la concurrence et le combat acharné qu'on se livre pour l'acquisition et la conservation de la propriété privée, condamnent à la névrose, au crime et au suicide un pitoyable groupe de déclassés, alors que ces malheureux, sous un régime collectiviste, quand seraient supprimées cette fièvre de la propriété individuelle et cette incertitude de la subsistance quotidienne quant au corps et quant à l'esprit, jouiraient d'une existence bien plus tranquille et seraient sauvés de l'abîme de la dégénérescence ? Déjà, en 1883, j'ai soutenu et je soutiens encore que, avec le régime du collectivisme, disparaîtront les formes chroniques et épidémiques de la crimininalité, conséquence de cette dégénérescence que produisent la misère et la lutte fiévreuse pour la richesse.

... « Même le criminel de passion cessera d'exister parce que, dans le régime socialiste, l'égoïsme ne sera plus nécessairement un adversaire irréconciliable de la vie sociale. Ce qui subsistera, c'est le criminel-fou et le criminel-né, dou[t] le nombre ne pourra pourtant que diminuer sous l'influence de l'amélioration générale ».

Suspectera-t-on l'opinion d'Enrico Ferri parce qu'il est socialiste ? Voici des chiffres empruntés à un autre criminologue italien très estimé, à qui ce reproche ne peut être adressé, le docteur Fornasari di Verce.

Cent condamnés pour crimes et délits divers se classent ainsi :

Indigents.	56
Individus disposant du minimum de subsistance.	32
Classe moyenne.	10
Classe aisée et riche.	2

Total 88 0/0 appartenant aux classes pauvres et 12 0/0 aux classes aisées.

Mais ces dernières sont moins nombreuses (400 habitants sur 1.000). En tenant compte de leur infériorité numérique, on constate que la criminalité est cinq fois plus fréquente chez les pauvres que chez les riches.

De tels chiffres jugent définitivement la question. Aussi un savant criminaliste hollandais, M. Bonger, dont l'ouvrage : *Criminalité et conditions économiques*, paru il y a une dizaine d'années, résume les travaux antérieurs, n'hésite pas à formuler la conclusion suivante :

« Les conditions économiques occupent dans l'étiologie de la criminalité une place beaucoup plus importante que la plupart des auteurs ne lui attribuent.

« Le système économique actuel, et ses conséquences, affaiblissent les sentiments sociaux. La base du système économique de nos jours étant l'échange, les intérêts éco-

nomiques des hommes se trouvent nécessairement opposés... La plupart des hommes se trouvent privés des moyens
de production qui se trouvent entre les mains de quelques-
uns seulement. Par là les non possesseurs se voient contraints de vendre leur force de travail aux possesseurs qui,
par leur prépondérance économique, les contraignent à
faire l'échange contre ce qu'il faut strictement pour vivre, et
à travailler autant que leurs forces le permettent.

« Cet état de choses surtout détruit les sentiments sociaux
des hommes : il développe l'esprit de domination et l'insen-
sibilité pour les maux d'autrui chez ceux qui disposent de
la puissance, tandis qu'il éveille la jalousie et la servilité
chez ceux qui sont dépendants.

« En outre, les intérêts contraires des possesseurs et la vie
luxueuse et oisive de quelques-uns d'entre eux contribuent
aussi à l'affaiblissement des dits sentiments.

« La condition matérielle, et par conséquent aussi la condition intellectuelle du prolétariat sont cause que le niveau
moral de cette classe n'est pas élevé.

« Le travail des enfants les met en contact avec des personnes dont la fréquentation gâte souvent leur moralité. La
longue durée et la monotonie du travail abrutissent ceux
qui y sont forcés : les mauvaises habitudes contribuent aussi
à abaisser le sens moral, de même l'incertitude de l'existence, et enfin la misère absolue, suite fréquente des maladies ou du chômage. Quant au bas prolétariat, son état est
des plus démoralisateurs. »

Ainsi la misère, conséquence de la mauvaise organisation

sociale fondée sur le principe de la lutte pour la vie, est reconnue la cause directe la plus importante de la criminalité. Elle agit aussi comme cause indirecte, car on verra plus loin qu'elle engendre la prostitution, l'alcoolisme, le malthusianisme, la dégénérescence.

Pourtant un nombre appréciable de crimes et délits sont commis par des gens appartenant à la classe aisée. Mais pour la plupart d'entre eux, c'est encore le principe de la lutte pour la vie, l'insécurité qu'il crée, les appétits, les convoitises, les haines, le déséquilibre nerveux qu'il développe, qui doivent en être reconnus responsables.

Pour les vols, abus de confiance, escroqueries, banqueroutes frauduleuses, faux en écriture, falsification de marchandises, ils tiennent tellement, écrit M. Bonger déjà cité, « au mode de production actuel que sous un autre, ils ne sauraient même se commettre ».

Pour les crimes sexuels, la relation de cause à effet est moins évidente ; cependant M. Bonger n'hésite pas à affirmer que le milieu social a sur eux une influence décisive et il en donne de multiples preuves.

Dans une société basée sur l'association, toutes questions d'intérêt seraient exclues du mariage, puisque la femme et les enfants cesseraient d'être une charge pour le chef de famille. D'autre part, la sécurité de l'existence permettrait les mariages jeunes. L'union se déterminerait par l'attraction mutuelle ; elle serait presque toujours bien assortie. L'adultère y serait donc très rare et, s'il se produisait, la situation se dénouerait par un divorce, rendu facile, plutôt que par un meurtre. Les cas de surexcitation si fréquents dans la société actuelle deviendraient en effet exceptionnels au sein d'un organisme de régularité et de calme, et l'affaiblissement du sentiment de la propriété, origine du prétendu droit à l'homicide du mari sur la femme infidèle, adoucirait notablement le vieux fonds de barbarie qui subsiste chez beaucoup de soi-disant civilisés.

Les attentats à la pudeur, commis surtout par des célibataires, diminueraient avec le nombre de ces derniers. Les auteurs de ces crimes sont souvent des brutes ignorantes et sans moralité, que leurs instincts grossiers rapprochent de l'inconscience animale, presque toujours des dégénérés ou des alcooliques, qui disparaîtraient rapidement dans un milieu assaini.

Les crimes par vengeance, dit M. Bonger, tiennent beaucoup à l'organisation actuelle de la société, qui fait naître des conflits sans nombre.

Les infanticides sont ordinairement causés par la misère de la mère, et par l'impossibilité où elle se trouve presque toujours de trouver du travail en élevant son enfant. Dans les autres cas, c'est l'opprobre encouru par la fille-mère qui est la cause déterminante. Le remède à l'infanticide c'est la création de maisons d'accouchement clandestines où la mère pourrait laisser son enfant aux soins de l'assistance publique. Notons d'ailleurs que ces crimes deviendraient très rares avec les mariages jeunes et la sécurité de l'existence garantie à tout être humain de sa naissance à sa mort.

Une telle lumière se dégage de l'étude approfondie et impartiale de cette passionnante question que M. Bonger, qui, manifestement, l'avait entreprise sans idée préconçue, dans un esprit purement scientifique, et dont l'opinion s'est formée au fur et à mesure qu'il avançait dans son travail consciencieux, se trouve entraîné à formuler la conclusion qu s'est imposée à lui : après avoir reconnu les causes du mal, il indique le remède, tout en s'excusant en quelque sorte de s'aventurer sur le terrain nouveau où il a été amené par son sujet; et ce remède c'est « la mise en commun des moyens de production », c'est-à-dire la suppression de la lutte pour la vie, le socialisme.

Alors, dit-il, « on ne connaîtra plus de misère matérielle. Une grande partie de la criminalité économique, de même qu'une partie de l'infanticide, sera rendue impossible, et un des plus puissants démoralisateurs de la société actuelle sera anéanti... Les phénomènes sociaux si importants pour la criminalité, la prostitution et l'alcoolisme, verront disparaître un de leurs principaux facteurs.

« ... Une telle société future ne fera pas seulement disparaître les causes qui, dans la société actuelle, ont fait de l'homme un égoïste, mais éveillera au contraire un fort sentiment d'altruisme. Cela était déjà le cas chez les peuples primitifs où les intérêts n'étaient pas opposés. Dans une plus large mesure la chose se réalisera sous un mode de production en commun, les intérêts de tous étant les mêmes... Dans une telle société, il ne saurait être question de crime proprement dit. »

Il n'y a rien à ajouter à cette conclusion.

C'est exclusivement au point de vue social que nous avons
à examiner ici la prostitution. Les moralistes la condamnent
e nelle-même. Nous n'avons à la juger que sur ses conséquences. Bien que la fidélité dans le mariage monogame
soit incontestablement l'état supérieur de l'union des sexes,
on peut admettre que le tempérament spécial de certains
individus, hommes et femmes, y est contraire. La société
ne peut avoir à souffrir de leurs écarts s'ils ne causent pas
de scandale public et ne jettent pas le trouble dans les unions
régulières. Il n'y a aucun inconvénient social à ce qu'une
femme se livre à plusieurs hommes si cela lui plaît et même
qu'elle cherche dans les actes sexuels le moyen de mener
une vie plus luxueuse. Elle ne fait de mal à personne, et
on ne peut imposer à une société les règles étroites d'un
couvent.

La prostitution prend le caractère d'une plaie sociale quand
de pauvres femmes y sont conduites par le besoin et contre
leur gré. C'est dans ce cas surtout que la prostitution devient
un grave danger comme véhicule des maladies contagieuses,
car les malheureuses dont elle est l'unique gagne-pain ne
peuvent interrompre leur triste travail pour se soigner
lorsqu'elles en sont atteintes.

Peu importe donc que la prostitution volontaire persiste
pourvu que la prostitution forcée disparaisse. La première
sera réduite à un bien minime effectif quand la seconde
cessera de s'y ajouter. Les femmes qui s'y livreront pour
leur plaisir ou pour se créer une existence plus large sauront presque toujours écarter les clients dont l'état sanitaire

serait suspect ; et si, très exceptionnellement, elles sont contaminées, elles n'hésiteront jamais à recourir aussitôt au médecin.

Or, c'est bien la misère qui est la grande recruteuse de l'armée de la prostitution. Aucun doute n'est émis à cet égard par les auteurs qui ont traité la question, et les causes occasionnelles que la plupart signalent : vagabondage, promiscuité de la famille, des ateliers, usines, grands magasins, mauvais exemples des parents, séduction suivie de grossesse et d'abandon, etc., n'ont pas d'autre origine ou ne sont suivies d'effet que si la misère s'y ajoute.

La société est encore infiniment plus dure à la femme qu'à l'homme. On peut admettre qu'ordinairement un homme valide et courageux arrive à gagner sa vie par le travail ; la femme n'y arrive presque jamais. Le travail le plus prolongé, le plus épuisant ne lui fournit pas de quoi subvenir à ses besoins, si réduits soient-ils. Ce fait douloureux, constaté par des écrivains à tendances conservatrices, comme Jules Simon dans l'*Ouvrière*, d'Haussonville dans *Misères et remèdes*, Charles Benoist dans une étude publiée par le *Temps*, etc., est indéniable. Parfois l'ouvrière n'obtient de travail qu'en cédant aux sollicitations cyniques d'un patron, d'un chef de rayon, d'un contremaître. Quand elle l'a obtenu, son salaire ne lui permet pas de vivre ; elle doit demander ce qui lui manque à des amants.

Lorsqu'une pauvre jeune fille s'est laissée séduire, — et souvent elle a cédé à quelqu'un de qui dépendait son pain — si elle devient enceinte, elle est à peu près perdue : impitoyablement renvoyée par son maître ou son patron, jetée à la rue sans pouvoir trouver une autre place, elle n'a plus qu'à choisir entre le suicide, l'infanticide ou la prostitution.

Est-il nécessaire de montrer, maintenant, que la prostitution forcée serait complètement abolie dans un régime qui assurerait aux filles et aux femmes des moyens d'existence, quelle que fût leur situation et leur capacité de travail? C'est l'évidence même.

La question de l'alcoolisme se présente sous un tout autre aspect. Il est inutile de se livrer à une recherche minutieuse des causes qui l'engendrent et de se demander dans quelle mesure elles relèvent de la misère ou de tous autres facteurs économiques ou moraux.

Il suffit de constater que l'alcoolisme existe et étend ses ravages dans la société actuelle, en dépit des louables efforts de ceux qui cherchent à entraver les progrès du fléau, et bien qu'ils y réussissent partiellement. Ce qui fait qu'il est si difficile à détruire, c'est que trop d'intérêts sont engagés dans sa conservation.

En premier lieu, l'Etat dont l'alcool alimente le budget. Puis les cultivateurs qui produisent les plantes à alcool, les distillateurs qui le fabriquent et leur personnel, enfin les marchands et débitants qui le vendent.

Supprimer l'alcool, brutalement, dans une société où rien n'est organisé et où on ne peut du jour au lendemain donner du pain à ceux qui en vivaient, est une aventure devant laquelle les gouvernants peuvent réfléchir.

Mais sous un régime socialiste maître de toutes les branches
de la production et du commerce, où une organisation du
travail permettra d'assigner toujours un emploi utile à
chaque citoyen, rien ne sera plus facile que de supprimer
l'alcoolisme en ne fabriquant plus d'alcool de bouche, en
n'en important plus et en en interdisant l'importation.

Voilà le remède radical, et seul le régime socialiste peut
l'apporter. Sous le régime actuel il ne peut y avoir que des
palliatifs peu efficaces.

Le malthusianisme, ou limitation volontaire du nombre
des enfants, se borne dans la plupart des cas à empêcher la
conception par des pratiques qu'il est inutile de décrire.
Mais trop souvent, lorsque ces pratiques n'ont pas réussi,
l recourt aux manœuvres abortives et tombe alors sous le
coup des lois pénales. En tuant l'enfant, l'avortement peut
aussi tuer la mère; il est rare qu'il ne lèse pas plus ou moins
profondément sa santé.

La statistique des avortements est impossible ; mais tous
les médecins accoucheurs signalent que leur nombre est
considérable et progresse rapidement. Il excéderait même
celui des naissances.

Les causes du malthusianisme sont en apparence très
complexes. Tandis qu'il sévit chez certaines nations, il en
épargne d'autres ; les progrès de la civilisation semblent le
développer plutôt que de le restreindre : ce n'est pas, dans bien
des cas, un produit de la misère, puisque les familles riches
ont en général moins d'enfants que les familles pauvres.

Et pourtant nous n'hésitons pas à affirmer que le facteur prépondérant, quasi exclusif, du malthusianisme est d'origine économique : c'est l'insécurité de l'existence, résultant de l'absence de toute garantie sociale.

Dira-t-on que le maximum d'insécurité existe dans l'état plus ou moins voisin de la misère absolue qui est celui de la classe ouvrière, où pourtant les familles sont nombreuses ? L'argument n'est pas péremptoire. Chez la plupart des ouvriers, la crainte de l'avenir est atténuée par une insouciance plus ou moins rapprochée de l'inconscience complète. L'ouvrier vit au jour le jour, s'inquiétant peu de ce qu'il deviendra lui-même et de ce que deviendront les enfants qu'il laissera après lui. Au fond cette insouciance est faite d'un fatalisme découragé. Il se sent le jouet des événements et s'y abandonne, ayant constaté que ceux qui tentaient de réagir n'y réussissaient presque jamais. Dans cette atrophie de ses forces morales, il cède à ses instincts et ne songe plus qu'à profiter des rares plaisirs qu'il peut se procurer. Le moins cher est celui qu'il trouve avec sa femme ou sa maîtresse et il se refuse à l'amoindrir par des précaution désagréables. Et même si la crainte de conséquences plus pénibles est assez forte, lorsqu'il est de sang-froid, pour le déterminer à éviter la procréation, elle disparaît lorsqu'il est surexcité par la boisson. Comme l'écrivait Zola dans *Germinal*, en décrivant les fêtes populaires des pays miniers du Nord : « Cela finissait toujours par des hommes soûls et des femmes grosses. »

C'est parmi les éléments les plus sains, les plus conscients de la classe ouvrière, dans les ménages rangés, chez les petits employés, que le sentiment de la responsabilité est le plus fort et qu'il pousse le plus à la limitation de la natalité.

A la campagne, les enfants ne sont pas une charge, car ils couvrent les minimes dépenses de leur entretien en s'acquittant de menues besognes profitables. C'est pourquoi les nombreuses familles n'y sont pas rares. Mais, d'autre part, beaucoup de petits propriétaires, dont le modeste patrimoine est à peine suffisant pour les faire vivre, s'effraient à l'idée de le voir partagé entre plusieurs enfants. Le même raisonnement est celui de la plupart des familles peu fortunées, petits artisans, petits commerçants, employés. Non seulement le grand nombre des enfants est une charge écrasante, mais on a peur de les lancer dans l'âpre lutte pour la vie sans leur assurer un petit pécule pour en amortir les chocs. L'économie, les restrictions à la natalité sont des précautions indispensables.

La maternité est presque impossible à un grand nombre de femmes obligées de se livrer à un travail assujettissant. Même si le travail peut être continué pendant la grossesse, il faut bien l'interrompre à l'accouchement et, pendant l'allaitement. La mère est exposée à perdre sa place. Le plus souvent elle évite ce danger par tous les moyens, y compris l'avortement qui peut ruiner sa santé et même causer sa mort.

N'est-il pas dérisoire de punir l'avortement et l'infanticide de peines sévères alors que la société ne prend pas à sa

charge l'existence de l'enfant et qu'en fait la mère est s
souvent dans l'impossibilité de le nourrir ?

Les raisons qui poussent au malthusianisme les classes
pauvres et peu aisées gardent toute leur force dans les
classes moyennes et les classes riches. Outre la diminution
de bien-être ou de luxe résultant immédiatement du grand
nombre des enfants, il y a la crainte de les voir réduits plus
tard à une condition inférieure par le partage du patrimoine.
Quiconque est habitué à vivre sur le pied de cinquante
mille francs de rentes ne peut se faire à l'idée que ses cinq
enfants n'en auront chacun que dix mille. Tout est relatif.
Puis on redoute avec raison l'instabilité des fortunes en apparence solides.

Assurément, d'autres causes s'ajoutent à ces considérations économiques. Des grossesses répétées et les devoirs de
maternité qui les suivent privent la femme de bien des
plaisirs, éloignent parfois d'elle un mari qui ne veut pas s'en
priver. Mais outre que la lutte pour la vie complique et sur-
charge l'existence et que sous le régime de l'association elle
se simplifierait beaucoup, laissant plus de temps et de calme
à la femme pour remplir ses fonctions naturelles, il n'est
nullement nécessaire pour le bien de l'humanité que toutes
les femmes deviennent des mères Gigogne : une moyenne
de trois à quatre naissances, en tenant compte de la diminution de la mortalité infantile dont on parlera au chapitre
suivant, serait parfaitement suffisante pour assurer la pros-
périté de la France.

Peut-on sérieusement prétendre qu'un tel résultat ne serait pas atteint quand le nombre des célibataires se réduirait à presque rien, quand les mariages se contracteraient dans la fleur de l'âge, entre jeunes gens poussés l'un vers l'autre par l'attraction des sexes, quand ni la femme ni les enfants ne seraient une charge pour l'homme, quand les parents seraient assurés de la satisfaction de leurs besoins jusqu'à leur dernière heure, et sauraient qu'après eux leurs enfants vivraient dans la même sécurité quel qu'en fût le nombre ?

Au sein de cette fécondité générale, non seulement la persistance de quelques cas de pratiques malthusiennes ne présenterait aucun danger social : mais qui sait s'il ne deviendrait pas rapidement nécessaire de les recommander pour mettre une digue au flot de la natalité débordante ?

CHAPITRE VIII

LES MALADIES, LES BLESSURES, LES COUPS

Les maladies sont nombreuses : leurs causes sont souvent multiples ; leur classification est donc difficile.

Nous envisagerons d'abord celles des enfants en bas âge.

Nous avons parlé au chapitre VII des pratiques anticonceptionnelles et des avortements qui empêchent l'enfant de naître.

Il arrive aussi qu'il meurt en naissant. On estime qu'il y a en France au moins 25.000 mort-nés par an.

D'après le professeur Pinard la cause la plus fréquente de la mortalité est la syphilis des parents. L'alcoolisme vient ensuite. En dehors de ces causes directes et précises, le savant professeur incrimine comme causes générales la misère, la nutrition insuffisante, le surmenage, l'insécurité morale, l'angoisse du lendemain.

Il résulte très nettement des chapitres précédents qu'aucune de ces causes ne pourrait persister au sein d'une société basée sur le principe de l'association. Voilà donc un grand mal vaincu.

Souvent les mêmes causes, sans amener la mort immédiate du nouveau-né, le laissent dans un état de débilité qui le voue à une mort prématurée. D'autres enfants, nés sains et viables, meurent dans la période de l'allaitement, faute de soins attentifs et éclairés.

Un rapport de M. Strauss, sénateur, à la Commission de la dépopulation, constate, d'après la statistique générale de la France pour 1898-1903, que, sur 10.000 naissances, 8.435 enfants seulement atteignent l'âge d'un an.

Les causes de la mortalité infantile sont ainsi déterminées :

Gastro-entérite, diarrhée.	385
Affections des voies respiratoires.	147
Débilité congénitale.	170
Tuberculose.	25
Maladies contagieuses.	50
Causes non dénommées ci-dessus.	223
Total :	1.000

Le caractère évitable de ces affections apparaît avec une surabondance de preuves, écrit avec raison M. Strauss. Il les attribue au « paupérisme, dont on constate les effets néfastes », à « l'habitation insalubre et surpeuplée », à l'inexpérience des mères, aux préjugés, à la suralimentation, à la mauvaise qualité du lait.

M. Jacques Bertillon signale dans la *Revue d'Hygiène* (1902) que la mortalité des enfants illégitimes est double de celle des autres enfants. Il est évident que la misère est la cause principale des mauvais soins qui entraînent leur mort.

Les puériculteurs Balestre et Giletta de Saint-Joseph, d'accord avec le docteur Budin, évaluent aux deux tiers le nombre des morts infantiles évitables. Leur appréciation s'applique au milieu social actuel, avec toutes ses imperfections, atténuées seulement par une meilleure hygiène. Il est évident que la proportion serait beaucoup plus forte, et que la mort des enfants deviendrait tout à fait exceptionnelle, dans une société solidaire d'où la misère et toutes les ares qu'elle traîne derrière elle auraient disparu.

M. Strauss qui, lui aussi, n'envisage que l'organisation sociale actuelle améliorée, reconnaît que les causes de la mortalité infantile sont surtout d'origine économique. Outre ses constatations rapportées plus haut, il écrit :

« L'aide aux familles nécessiteuses chargées d'enfants apparaît comme un des moyens préventifs les plus efficaces. »

Ailleurs, recommandant l'allaitement maternel et les soins de la mère, il ajoute :

« La solution préférable est assurément celle qui fixe la femme au foyer pour en faire, suivant l'expression consacrée, la nourrice désintéressée ou payée de son enfant. Les obstacles économiques s'y opposent trop souvent. »

En régime socialiste, ces obstacles n'existeraient plus, il n'y aurait plus de nécessiteux.

A partir de sa grossesse la mère serait dispensée de tout travail et entourée de soins attentifs. Elle se consacrerait exclusivement à ses devoirs maternels. Des crèches parfaitement installées recevraient les orphelins et les enfants que les mères ne pourraient temporairement garder. Les mères valides y feraient de fréquentes visites avec leurs nourrissons qui y seraient inspectés et elles y recevraient les leçons d'hygiène et les conseils dont elles auraient besoin. Dans de telles conditions, la mortalité infantile disparaîtrait presque complètement.

Jusqu'à l'âge de 15 ans, l'enfant n'a pas acquis toute sa résistance aux causes morbides ; il est plus fréquemment atteint que dans la période adulte. D'après le rapport Strauss, si sur 10.000 naissances, il n'y a plus à l'âge d'un an que 8.435 survivants, ce chiffre s'abaisse à 7.402 à l'âge de 15 ans. La proportion des décès diminue ensuite pour se relever après le milieu de la vie.

Dans la période de la première à la quinzième année, c'est la tuberculose qui est le principal facteur de la mortalité. Le docteur Variot met à son compte le tiers des décès ; le groupe des maladies infectieuses et la broncho-pneumonie en fournit un cinquième. Le surplus tient à des maladies moins fréquentes et moins spécialisées. Le rôle de l'hérédité est considérable.

La cause immédiate d'un décès n'est souvent elle-même qu'une résultante de causes antérieures. C'est ainsi que l'alcoolisme, suivant l'expression du professeur Landouzy, « fait le lit de la tuberculose », ce que confirment les statistiques de M. Bertillon. C'est avec raison que M. Strauss écrit :

« Les vices et les maladies évitables se rejoignent et se superposent. Il y a donc lieu de les combattre méthodiquement par le logement salubre, par la propreté domestique, par l'éducation ménagère et culinaire, par la culture physique, etc. »

Toutefois, pour s'en tenir aux causes principales, on peut dire avec le docteur Pioger, que les maladies ont pour origine :

L'alimentation ;

L'habitat ;

Les conditions du travail ;

Et la mauvaise hygiène générale du milieu.

Les cas de maladies dues à des excès de nourriture, et à l'ingestion par négligence ou imprudence d'aliments malsains, sont relativement rares. Bien plus fréquentes sont celles causées par une alimentation insuffisante et celles résultant de la sophistication des produits alimentaires.

C'est quelquefois l'avarice, mais presque toujours la misère qui font descendre l'alimentation au-dessous des besoins physiologiques. Des forces vitales incomplètement réparées ne peuvent résister aux influences morbides.

Quant aux altérations frauduleuses des aliments, elles sont si nombreuses, écrit le docteur Pioger, que nul n'oserait plus boire ni manger si elles étaient connues.

Elles sont dues exclusivement aux convoitises des intérêts privés qui ne reculent pas devant de véritables crimes pour se procurer un surcroît de bénéfices.

Il est évident que l'Etat, chargé de toute la production, ne livrerait aux consommateurs que des aliments parfaitement sains et supprimerait d'un coup toute la série des maladies du tube digestif et de ses annexes.

Les eaux d'alimentation captées et distribuées par les villes sont en général assez pures. C'est surtout dans les puits des habitations privées, insuffisamment étanches, rapprochés des fosses d'aisance ou des fumiers, que l'on trouve les germes de la typhoïde. La nationalisation des maisons d'habitation ferait disparaître ces foyers d'infection, en même temps que toutes les contagions résultant d'un habitat défectueux et notamment la tuberculose qui, à Paris, atteint cinq pour cent des habitants.

« Au premier rang de la prophylaxie antituberculeuse, écrit M. Strauss, prend place la guerre au tandis, au logis malsain, surpeuplé. »

Par malheur, dans l'organisation sociale actuelle, la guerre au tandis c'est la guerre au propriétaire, c'est-à-dire au citoyen que la loi entoure du maximum de considération et de protection. User de contrainte envers cette puissance est difficile. Il faudrait recourir à l'expropriation pour cause d'utilité publique, et on recule devant des sacrifices supérieurs aux ressources. Seule la Nation, maîtresse de tous les immeubles, disposant d'une main-d'œuvre surabondante, pourra détruire les quartiers malsains et édifier à leur place des maisons où l'air et la lumière pénétreront partout, où circulera une eau pure, où l'évacuation des résidus sera parfaite. Comme on ne calculera plus le revenu à tirer de chaque mètre carré d'un terrain scandaleusement renchéri, on ménagera de larges rues, de nombreux jardins publics. On donnera aux familles nombreuses assez de place pour éviter la promiscuité et un cube d'air suffisant pour fournir aux poumons la quantité d'oxygène dont ils ont besoin.

Ce n'est pas seulement dans les quartiers populaires des grandes villes que l'hygiène de l'habitat est défectueux. Si dans les villages l'entassement de la population n'existe pas, d'autres causes de morbidité y sont fréquentes.

Citons encore le rapport Strauss :

« L'hygiène des campagnes est trop souvent lamentable : maisons mal tenues, fumiers proches, fosses d'aisances non étanches avec puits très voisins ; étables trop souvent mal installées et mal tenues, mauvaise hygiène des vaches laitières, lait contaminé... »

C'est la petite propriété privée qui réduit l'homme à ces conditions d'existence inférieures. Son absorption par la Nation les transformerait radicalement. Dans chaque village ou grand domaine, le quartier des hommes serait séparé de celui du bétail. Les maisons, saines et confortables, où l'on ne ménagerait plus les portes et fenêtres par crainte du percepteur, seraient donc éloignées des étables, écuries et basses-cours. Les fumiers stérilisés n'attireraient plus les mouches et ne faciliteraient plus leur reproduction. Le bétail serait proprement tenu, son état sanitaire serait attentivement surveillé, le ramassage du lait serait accompagné des précautions en usage dans les grandes exploitations.

La division de l'industrie en un nombre excessif d'ate-

liers individuels crée évidemment des conditions de travail
défavorables. Les ouvriers, resserrés le plus souvent dans
des locaux privés d'air et de lumière, y sont plus exposés aux
atteintes des agents pathogènes. Pour la commodité de sa
vie et de ses relations, le patron s'établit autant que possible dans une grande ville. Mais les loyers y sont chers ; la
concurrence y est âpre. Il cherche donc à diminuer ses frais
généraux en restreignant ses locaux et en simplifiant ses
installations, le tout au détriment de la santé des ouvriers.
Lorsqu'il s'agit de professions insalubres, les précautions
nécessaires, et dont chacune se traduit par des dépenses,
sont rarement prises, en dépit des inspecteurs du travail
qui n'en peuvent mais.

D'autre part, le patron a toujours intérêt à prolonger la
durée du travail, et d'ordinaire l'ouvrier s'y prête volontiers quand il y trouve un petit supplément de ressources.

C'est pourquoi un ouvrier venu jeune et fort se fixer dans
une ville, s'y étiole graduellement ; ses enfants sont plus
faibles que lui et il est rare que ses descendants existent
encore après la troisième ou quatrième génération ; il est
plus rare qu'ils soient en bonne santé. Les grandes villes
sont de terribles mangeuses d'hommes. Et cependant comment les empêcher de se développer sous le régime de
l'entreprise privée, alors qu'elles gardent malgré tout une
funeste attirance ?

En régime socialiste, au contraire, d'une part les petits
ateliers sont remplacés par de vastes usines où règne une
hygiène sévère ; la durée et la fatigue du travail sont ré-

duites par le développement du machinisme ; les manipu-
lations insalubres sont entourées des plus minutieuses précautions, et au besoin leur durée quotidienne est plus
courte que celle du travail normal ; d'autre part, la distri-
bution des établissements industriels sur toute l'étendue
du pays étant faite d'après un plan d'ensemble, rien n'est
plus facile que d'éviter leur agglomération excessive dans les
centres urbains déjà surpeuplés. On les installe au contraire le plus souvent en pleine campagne pour éviter les
désagréments et parfois les dangers de leur voisinage aux
habitants des cités.

La science moderne peut fournir à l'homme toutes les
armes dont il a besoin pour lutter efficacement contre les
maladies épidémiques, contagieuses ou transmissibles. Si
ses prescriptions étaient intégralement appliquées, ces maladies n'existeraient plus. Mais faute de ressources, on n'atteint que des résultats incomplets, quoique non à dédaigner.
Un autre écueil est la résistance des particuliers à des mesures d'intérêt général dont ils ne comprennent pas l'utilité.
Enfin l'organisation du service médical repose sur de mauvaises bases. Le médecin ménage les préjugés de sa clientèle parce qu'elle lui fournit ses moyens d'existence. En
régime socialiste, il deviendrait un fonctionnaire public et
s'habituerait à faire passer les considérations d'intérêt général avant les convenances de ses malades. Le secret profes-
sionnel, maintenu en principe, fléchirait devant la nécessité
supérieure de la préservation des éléments sains. L'indis-

pensable déclaration des maladies contagieuses qui, dit le
rapport Strauss, « est le pivot de la prophylaxie nationale,
et qui, associée à la désinfection, constitue l'armement
anti-microbien par excellence », serait régulièrement faite
et suivie des mesures appropriées. Tout foyer épidémique
serait étouffé avant de pouvoir s'étendre.

Le traitement de la syphilis pourrait alors être imposé
aux rares malades qui en seraient encore atteints. Au besoin
leur hospitalisation serait rendue obligatoire.

Dans les ports, aux villes frontières, partout où la menace
d'épidémies peut apparaître, de minutieuses précautions
en auraient raison.

Il faudrait consacrer un chapitre spécial aux affections
nerveuses dont la fréquence est la caractéristique de notre
époque et l'un des plus graves sujets d'inquiétude pour
ceux qui se préoccupent de l'avenir de l'humanité. Elles re-
vêtent les formes les plus diverses, depuis les grandes névroses comme l'hystérie, l'épilepsie, jusqu'aux neurasthé-
nies atténuées. Tantôt elles sont transmises par hérédité,
tantôt elles sont acquises. Les plus graves seront étudiées
au chapitre des *Dégénérescences*,

Les manifestations des névroses : idées fixes, obsession,
amnésie, doutes, trouble du langage, chorée, tics, para-
lysies, phobies, troubles de la perception, des instincts et
des fonctions viscérales, sont bien connues. Leur origine
est plus obscure. La science, dans son état actuel, ne les
attribue à aucune lésion anatomique.

La neurasthénie, disent les docteurs Proust et Ballet, « est une névrose qui se présente comme un affaiblissement durable de la force nerveuse ».

C'est la maladie de la civilisation ; elle progresse à mesure que l'homme, devenant plus sédentaire, remplaçant l'activité physique par l'activité intellectuelle, s'éloigne davantage de l'état de nature.

Les médecins lui assignent comme causes habituelles : le surmenage, aggravé par des peines morales, les revers de fortune, les deuils, les émotions, les préoccupations excessives.

C'est l'âpreté de la lutte pour la vie qui détraque et déséquilibre notre système nerveux. Dans le combat continuel qu'il doit soutenir pour sa défense et celle de sa famille, l'homme n'a jamais un moment de repos absolu. Soumis, dès son adolescence, à un gavage cérébral en vue des concours et des diplômes qui lui vaudront une situation avantageuse, il continue à se surmener pour s'y maintenir et l'améliorer. Les partisans de l'ordre social actuel voient dans ce continuel effort un facteur puissant de progrès. Ils se trompent. Le temps et les forces consacrés par un homme à lutter contre ses semblables sont perdus pour l'humanité. Rien de plus stérile que les luttes de la concurrence où se consument tant de facultés, détournées ainsi de la production.

Les ravages causés par les excès de travail, de soucis et d'inquiétudes sont d'autant plus grands que, poussées par un besoin bien explicable de diversion, leurs victimes se plongent souvent dans des excès contraires, bonne chère, débauche, jeu, qui aggravent encore la fatigue de l'organisme et l'épuisement nerveux.

Ce qui caractérisera le régime socialiste, ce sera le calme, la régularité, au milieu desquels s'accomplira le travail. Non seulement la sécurité de chacun sera complète, et les angoisses qui remplissent la vie actuelle disparaîtront tout à fait, mais l'exercice des diverses fonctions sera simplifié par l'organisation générale. Les crises de surproduction et de chômage, qui bouleversent aujourd'hui les industries, seront inconnues. La production, réglée au commencement de chaque année, s'exécutera dans ses multiples branches, sans heurt ni désordre. Ses directeurs n'auront pas tous les jours à résoudre le problème de la recherche des matières premières à bon marché, et du placement des produits le plus cher possible. Tout aura été réglé d'avance et ils n'auront à se préoccuper que de la bonne exécution du travail et des perfectionnements techniques à y apporter. Pour les chefs comme pour les ouvriers, la durée de la journée de travail sera réduite, au bénéfice des loisirs, des exercices et des distractions. Seuls quelques savants acharnés à la poursuite des secrets de la nature continueront à se surmener, sans y être contraints.

Il est clair que dans un pareil milieu, le système nerveux restera toujours en plein équilibre.

Ainsi la maladie partout vaincue, cessera d'être le tourment de l'humanité. Pendant quelques générations l'hérédité lui fournira encore des victimes ; mais les sujets atteints de tares profondes s'éliminant peu à peu d'eux-mêmes, ceux atteints de tares légères étant traités et guéris, cet aliment même lui fera défaut. Et la maladie se réduira à un petit nombre de cas accidentels.

Nous ne pouvons clore la partie de ce chapitre consacrée aux maladies sans dire quelques mots des diathèses qui sont des prédispositions héréditaires à certains états morbides.

Les trois diathèses classiques sont la scrofule, l'arthritisme et l'herpétisme.

Selon le professeur Dieulafoy, la médecine moderne a cessé de considérer la scrofule comme une affection ayant son caractère propre. La plupart des scrofules se rattachent à la tuberculose, les autres à la syphilis.

Ce qui a été dit de ces deux maladies suffit à montrer que la scrofule n'aura plus sa place dans un milieu assaini.

Le professeur Bouchard définit l'arthritisme : « un vice général caractérisé par le ralentissement de la nutrition », d'où résultent goutte, gravelle, rhumatisme, etc.

Les excès de table, la nourriture trop épicée, l'insuffisance de l'exercice physique, les inquiétudes, les émotions sont les causes ordinaires des troubles de la digestion et de l'assimilation. Une hérédité syphilitique ou alcoolique leur prépare le terrain.

Sans espérer que la gourmandise disparaîtra du jour au lendemain, on peut espérer que l'homme s'élèvera de plus en plus au-dessus de ses jouissances grossières, dont l'ori-

gine a été certainement les longues périodes de jeûne forcé
des temps primitifs provoquant ensuite la gloutonnerie. On
ne songe guère à abuser lorsqu'on n'est privé de rien.
D'autre part, la tranquillité de l'existence, l'absence de tout
surmenage, l'abréviation du travail créant de longs loisirs et
permettant l'exercice en plein air, tendront à raréfier pro-
gressivement les manifestations arthritiques, et peu à peu
élimineront la diathèse elle-même.

Un même sort est réservé à l'herpétisme, proche parent
de l'arthritisme, qui a sensiblement les mêmes causes, et
se manifeste plus particulièrement par les affections de la
peau.

Les blessures proviennent le plus souvent du fait de
l'homme (guerre et criminalité), ou des accidents du travail, ou d'autres faits accidentels.

La matière vaincue, les animaux domptés ont parfois des
révoltes inattendues et notre frêle organisme peut avoir à
en souffrir.

La suppression de la guerre et des crimes diminuera considérablement le nombre des blessures. Les accidents du
travail, dus le plus souvent à l'absence de mesures de préservation, dans un but d'économie, deviendront exceptionnels quand toutes les précautions seront prises pour les
éviter. L'ivresse cause beaucoup d'accidents, au cours du
travail et en d'autres circonstances. En disparaissant elle en
réduira notablement la fréquence.

En général, l'homme se protègera mieux contre les

atteintes extérieures et son corps en sera rarement lésé.

Ce qui a été dit des blessures s'applique également aux coups.

Nous devons cependant insister sur les coups donnés par brutalité, en général à des êtres faibles, particulièrement aux femmes et aux enfants. Que de maris croient user d'un droit légitime en battant leurs femmes ; que de parents pensent remplir un devoir en « corrigeant » leurs enfants ! L'ivrognerie, la nervosité, résultant des inquiétudes de la vie et l'aigreur de la misère contribuent beaucoup à développer ces tristes habitudes auxquelles beaucoup d'enfants doivent de passer dans les souffrances et les craintes les années qui devraient être les plus heureuses de leur vie.

L'adoucissement spontané des mœurs qu'amèneront forcément, en régime socialiste, le bien-être et la sécurité, secondés par une éducation plus délicate, aura raison de cette survivance des instincts violents dans une civilisation où la raison doit régner et non la force.

CHAPITRE IX

Les docteurs Magnan et Legrain, dans leur ouvrage : *Les Dégénérés*, donnent cette définition :

« La dégénérescence est l'état pathologique de l'être qui, comparativement à ses générateurs les plus immédiats, est constitutionnellement amoindri dans sa résistance psychophysique et ne réalise qu'incomplètement les conditions biologiques de la lutte héréditaire pour la vie. Cet amoindrissement, qui se traduit par des stigmates permanents, est essentiellement progressif, sauf régénération intercurrente ; quand celle-ci fait défaut, il aboutit plus ou moins rapidement à l'anéantissement de l'espèce. »

Parmi les stigmates, les auteurs citent au hasard les malformations crâniennes, les dystrophies faciale, bec de lièvre, gueule de loup, les anomalies dentaires, le strabisme congénital, les troubles congénitaux du langage articulé, blésité, bégaiement, zézaiement, l'hypertrophie des mamelles chez l'homme, le vitiligo, les doigts et les orteils palmés, le pied et la main bots, l'hermaphrodisme, et en général toutes les monstruosités tératologiques.

Appartiennent au groupe des dégénérés les fous, les crétins, les idiots, les imbéciles, les faibles d'esprit, les épileptiques, les hystériques, certains neurasthéniques, les pervertis sexuels, les impulsifs morbides, les émotifs.

Certains dégénérés peuvent être doués de facultés supérieures, mais dans leur intelligence déséquilibrée d'autres facultés sont annulées. Les impulsifs sont les déséquilibrés de la volonté et les émotifs les déséquilibrés de la sensibilité.

Morel, auteur du célèbre ouvrage : *Lutte contre la dégénérescence et la criminalité,* constate que les dégénérés peuvent se reproduire, mais jamais au delà de la quatrième génération.

Les principales causes de dégénérescence sont, selon les médecins, l'alcoolisme, le cancer, la syphilis et la tuberculose. Puis la scrofule, le rachitisme, la lèpre, l'abus du tabac, du chanvre, de l'opium, l'alimentation mauvaise et insuffisante, le paludisme, les excès de température, l'habitat des vallées froides (goîtreux et crétins), les excès cérébraux, les intoxications professionnelles, les agglomérations urbaines, les famines, les épidémies, etc.

Le docteur Legrain, dans son ouvrage : *Dégénérescence sociale et alcoolisme,* a étudié plus particulièrement le rôle de l'alcool. A la première génération il a observé, sur 814 hérédo-alcooliques, que 197 étaient alcooliques eux-mêmes, 322 dégénérés adultes et 174 morts-nés ou morts précoces. Ces chiffres ne sont-ils pas effrayants ?

Ce sont là les causes directes. Il faut savoir à quoi elles-mêmes sont dues. A cet égard les docteur Magnan et Legrain sont tout à fait affirmatifs :

« L'énumération des principales causes de la dégénérescence fait comprendre qu'elles sont à peu près toutes d'ordre social et évolutif. Elles sont inhérentes à l'état même de société qui les engendre. L'inégalité des conditions créée par les besoins intenses de la lutte pour vivre, la misère, l'alcoolisme, le surmenage, l'insalubrité des professions, les agglomérations urbaines, la sophistication des produits alimentaires, les maladies épidémiques et contagieuses, etc., sont autant de maux qu'il appartient à la société sinon de supprimer complètement, du moins d'atténuer... La dégénérescence est plus qu'une maladie individuelle, c'est un mal et un péril social... Le dégénéré est un être souvent dangereux contre lequel la société veut et doit se réserver le droit de se prémunir. N'a-t-elle pas parallèlement un devoir à remplir vis-à-vis de lui, on pourrait dire vis-à-vis d'elle-même, celui de couper le mal dans sa racine, si elle veut conserver, sans être taxée d'abus, le libre exercice de son droit ? »

C'est la thèse même du présent ouvrage que soutiennent ces savants médecins. La société est responsable de la dégénérescence ; il est de son devoir et en son pouvoir d'en tarir les sources empoisonnées.

Il appartiendra au principe régénérateur de l'association de guérir les maux engendrés par le principe de lutte. La preuve n'en est plus à faire après les chapitres précédents.

On a vu que le socialisme fera disparaître toutes les causes de dégénérescence indiquées plus haut. Ajoutons que les lieux insalubres tels que les régions marécageuses seront assainis, et que la suppression de la propriété privée arrachera les habitants des vallées froides à ce séjour où les attache seulement ce qu'ils y possèdent.

Ainsi dans l'avenir on ne produira plus de dégénérés. Mais que deviendront ceux qui existent? On ne peut songer à les supprimer, évidemment. La seule question qui se pose est de savoir si on les laissera se reproduire librement, ce qui reporterait la disparition finale de ce fléau à trois ou quatre générations, ou si on mettra obstacle à leur reproduction pour en finir plus vite avec cette humanité déchue.

La seconde alternative sera évidemment préférée si elle est conciliable avec les sentiments de pitié qu'inspirent ces malheureux. Il ne faudrait ni les faire souffrir, ni même leur interdire les plaisirs sexuels, pour lesquels ils ont en général un goût très vif, et qui sont à peu près la seule joie de leur misérable existence. Mais ne peut-on les stériliser ?

En ce qui concerne le sexe féminin, le remède est facile puisque de leur propre volonté, un trop grand nombre de passionnées y ont recours pour éviter les inconvénients de la maternité. Pour les mâles, il faut écarter à tout prix le moyen barbare qu'est la castration, bien qu'il ait été proposé par diverses autorités médicales. Mais on atteint le même but par une petite opération tout à fait anodine sans imposer à ceux qui l'ont subie le supplice de l'abstinence forcée. Le docteur Thulié qui traite cette question au point de vue scientifique dans son opuscule : *Lutte contre la dégénérescence et la criminalité,* indique que ces moyens énergiques, quoique humains, sont employés avec succès dans divers Etats de l'Amérique du Nord.

CHAPITRE X

Si maintenant nous revenons à l'énumération sommaire des causes de la souffrance humaine contenue au chapitre I**, nous constatons que la plupart d'entre elles auront disparu, ou totalement, ou dans une très large mesure, par la substitution du régime de l'association au régime de la lutte.

C'est évidemment du côté des souffrances physiques que le progrès sera le plus complet, puisqu'elles tiennent à des causes matérielles sur lesquelles la transformation de l'économique aura une action directe.

La guerre, la misère, l'alcoolisme étant abolis, la maladie, la criminalité étant réduites à des exceptions, le corps aura bien rarement l'occasion de souffrir. Tant que les dégénérés n'auront pas été tout à fait éliminés, ils seront encore sujets à des maladies et pourront commettre des attentats : mais cette période transitoire sera courte, puisqu'ils ne pourront plus se reproduire.

Les conditions de l'hygiène étant devenues parfaites, les maladies ne se produiront que dans des cas accidentels forcément très rares ; les souffrances qu'elles entraîneront seront presque toujours atténuées. Il n'y aura plus de blessures volontaires que dans les crimes passionnels, presque supprimés eux-mêmes, ni de coups donnés par les forts aux faibles. L'imprudence, la maladresse, la réaction des forces aveugles de la nature contre l'homme qui cherche à les asservir, les catastrophes cosmiques, entraîneront encore quelquefois des blessures et même la mort. C'est la part du mal ; elle est inéluctable ; mais combien elle paraîtra légère à côté de ce qu'elle est aujourd'hui !

La moyenne de la vie sera notablement élevée, et la mort ne sera presque jamais précédée de souffrances ; ce sera l'extinction de la lampe quand l'huile est consumée.

Les souffrances que nous avons qualifiées physico-morales parce qu'étant ressenties par notre être moral elles ont leur origine dans l'organisme, seront atténuées dans la même mesure que les maladies et les dégénérescences. Il en sera ainsi de la folie et des innombrables formes de la névrose.

C'est une souffrance de tous les instants pour un être pensant de se sentir laid, chétif, difforme, infirme, répugnant, alors que tous ceux qui l'entourent, jouissant d'une constitution normale, peuvent goûter les joies de la vie. Le nombre de ces pauvres déshérités diminuera considérablement. Une bonne hygiène supprimera le rachitisme, le lymphatisme, les affections de la peau et toutes les tares qui font le désespoir de ceux qui en sont atteints.

Bien rares seront donc alors les malheureux assez disgraciés pour ne pouvoir inspirer l'amour et avoir à souffrir
de la continence forcée. Même les plus laids rencontreront
presque toujours une autre laideur pour adoucir l'amertume de leur existence, alors surtout que la crainte de la
misère n'empêchera pas ces unions. Et quant aux sujets
normaux, ils ne seront que tout à fait exceptionnellement
privés des joies de l'amour, alors que les mariages, facilités
par la prise en charge de la femme et des enfants par la société, ne seront souillés par aucune préoccupation inté-
ressée. La fortune ne fera plus d'unions mal assorties. On
se mariera parce qu'on se plaira mutuellement. Presque
toujours les unions seront heureuses et les deux conjoints
y trouveront d'égales satisfactions. Là encore, pourtant,
la part du mal subsistera. La vie commune révélera des dé-
fauts cachés, des incompatibilités physiques ou morales qui
n'apparaissaient pas dans la période des fiançailles. Dans
les cas assez rares où ces troubles seraient graves et permanents, le divorce facilité, quoique entouré encore de sé-
rieuses précautions, permettra aux êtres mal appareillés de
reprendre, avec leur liberté, l'espoir de se refaire une
meilleure existence.

Toutes les souffrances physiques, quelle qu'en soit la nature, sont une cause de peine morale chez les parents et
amis de ceux qui les éprouvent. Comment se livrerait-on à
la joie quand un être cher gémit dans la douleur, quand sa
vie est menacée, ou quand il vient à être enlevé prématu-

rément à l'affection de ses proches ? On peut se faire idée par cette simple observation de l'immense allégement que la suppression presque absolue de la souffrance physique apporterait à l'humanité dolente. Le nombre excessif des morts anticipées est aujourd'hui la source la plus abondante et la plus amère de la douleur humaine. Quelle affreuse angoisse doit envahir, tant qu'elle reste lucide, la pensée du mourant au moment de se séparer pour toujours de ce qu'il a aimé, surtout lorsqu'il était le soutien d'une famille que sa mort livrera à la misère ! Et ceux qui lui survivent, condamnés à une tristesse qui ne prendra fin qu'à leur propre mort ! Ces parents qui traîneront, sans leurs enfants, une vieillesse désolée, ces veuves qui, privées de toute joie, auront encore des devoirs bien lourds envers lenrs enfants et seront souvent vouées aux plus âpres luttes pour les préserver de la misère, avec bien peu d'espoir d'y réussir. L'âme frémit en songeant que la guerre qui s'éternise aura ajouté des dizaines de millions de victimes au nombre déjà effrayant de celles qui normalement subissaient de si cruels chagrins ! Est-il donc possible qu'au lendemain d'une telle épreuve, l'humanité retombe lourdement dans son ornière sans trouver le sursaut d'énergie et de volonté qui pourrait l'affranchir pour toujours de tous ses maux ! Espérons encore, quoique les indices soient peu encourageants !

La mort arrivée au terme naturel de la vie ne cause pas de souffrance à celui qui la subit, et ses proches se résignent facilement à une séparation qu'ils savaient inévitable et prochaine

Les vices sont une autre source importante de la douleur humaine. Les plaisirs momentanés qu'ils peuvent donner sont presque toujours suivis tôt ou tard de maux plus grands. Ce n'est pas par l'effet d'une justice divine ou sociale : il est trop manifeste que, dans notre société fondée sur le droit des plus forts, les plus éprouvés sont presque toujours les meilleurs. C'est le retour naturel des choses. Le joueur doit perdre sa fortune, le débauché sa santé, l'avare subit des privations et s'expose au vol et à l'assassinat, etc.

Mais les victimes du vice sont surtout ceux qui sont en rapports avec les vicieux, et plus ces rapports sont intimes, plus vives sont leurs peines. A tous égards sa disparition est donc désirable. Or, il est clair qu'elle sera la conséquence d'un régime économique qui en détruira les causes.

La luxure peut rester endormie à l'état de rêve malsain dans les bas-fonds obscurs de l'être. C'est l'occasion qui la réveille, l'alimente et la développe. Toujours inassouvie, elle arrive à ne plus se satisfaire des actes naturels, et à rechercher dans des raffinements pervers des sensations plus aiguës. Parfois elle revêt alors des formes sadiques. Or, l'occasion c'est la prostitution qui l'offre, surtout, ce qui est fréquent, lorsqu'elle s'exerce par racolage. Dans toutes les affaires de mœurs qui vont aboutir en correctionnelle, on voit à côté des inculpés qui appartiennent le plus souvent aux classes aisées, de pauvres êtres dégradés qui, poussés par le besoin, ont accepté le rôle passif moyennant salaire. Quand il n'y aura plus de misère, les instincts de débauche resteront presque toujours à l'état platonique et l'assainissement progressif du milieu les rendront de moins en moins fréquents.

Les agitations fiévreuses de la lutte pour la vie, avec leurs alternatives de succès grisants et de revers accablants, contribuent pour une large part à pousser l'homme dans la voie des jouissances malsaines. Tantôt il y cherche l'oubli de soucis pénibles ou le dérivatif d'un surmenage intense, tantôt il y dissipe follement l'argent trop facilement gagné. Une vie douce, régulière, avec des ressources toujours suffisantes, jamais excessives, exempte d'inquiétudes pour le présent et l'avenir, serait évidemment l'agent le plus efficace de moralisation.

Une cause importante d'excitation à la débauche disparaîtra avec la société nouvelle : la littérature pornographique, ainsi que toutes les obscénités qui l'accompagnent : photographies, cartes transparentes, objets divers. Ce commerce spécial offre aux gens peu scrupuleux un moyen commode de s'enrichir ou tout au moins de vivre avec peu de travail. Ces malpropres entreprises privées seront supprimées comme toutes les autres, et le service national de la librairie n'éditera que des ouvrages et gravures sains et réconfortants.

A côté des publications nettement immorales, il existe nn nombre infini de romans dépourvus de toute valeur littéraire, et qui sont à peu près l'unique nourriture intellectuelle du peuple. Ils contribuent dans une large mesure à sa démoralisation, d'abord parce qu'ils prennent la place d'ouvrages sérieux et farcissent les cerveaux de chimères, au lieu de les meubler d'idées utiles, mais aussi parce qu'ils présentent le vice sous des dehors trop séduisants pour ne pas y attirer les natures faibles. Cette basse littérature sera impitoyablement éliminée. Ceux qui auront le goût de la lecture le satisferont avec les livres des écrivains dignes de ce nom ; le niveau moral s'élèvera beaucoup du fait de cette épuration.

La passion du jeu est voisine de la débauche et s'y mêle souvent. Pour elle encore l'occasion joue un rôle prépondérant, et la cupidité, en dépit des restrictions de police, se charge de la fournir. Cercles, tripots déclarés ou clandestins, jeux divers autorisés dans les casinos, cafés, courses, etc., offrent de toutes parts leurs dangereux appâts à bien des gens qui ne songeraient pas au jeu s'il ne se présentait à eux. Le plus terrible dans le jeu, c'est qu'il attire irrésistiblement dans son tourbillon ceux qui s'y sont livrés par hasard. La perte ou le gain sont des aiguillons qui excitent à continuer. La conscience, la responsabilité s'émoussent devant le mirage du gain. La fureur du jeu sévit dans toutes les classes. Ne pouvant la réfréner, l'autorité a cherché à la canaliser et à en tirer parti en l'imposant. Elle n'a réussi qu'à l'étendre davantage, et les ravages du pari mutuel dans la classe ouvrière sont effrayants.

Un régime où les entreprises privées n'existeraient plus supprimerait toutes les maisons de jeu et ferait disparaître les jeux d'argent des établissements publics où ils se pratiquent. La race chevaline se maintiendra difficilement

contre la concurrence de l'automobile, et la Nation, possédant tous les reproducteurs, n'aura pas besoin, pour l'améliorer, d'accorder des primes et d'instituer des concours.
Les courses, et par conséquent les paris, cesseront donc
d'exister. L'habitude du jeu se perdra d'autant mieux que
nul n'aura besoin de recourir à ses hasardeuses ressources.

L'avarice est l'exagération de l'économie, considérée
comme une vertu et qui en est une, en effet, puisque la
prévoyance individuelle est obligée de suppléer à l'imprévoyance sociale.

Mais pourquoi retrancher de son nécessaire ou même de
son superflu quand la solidarité sociale garantira à tous la
sécurité de leur existence? L'économie deviendra absolument inutile à ceux qui la pratiquent. L'intérêt social
qu'elle présentait en constituant des accumulations de capitaux qui permettent d'exécuter les grands travaux publics,
de réaliser les entreprises privées, d'assurer la défense nationale, cessera d'y être attaché lorsque la Nation, maîtresse
de tous les moyens de production et de transport, ayant à
sa dispositon une main-d'œuvre surabondante, pourvoira à
tous les besoins de son existence et de son développement
sans avoir à faire d'emprunts. Elle n'aura qu'à employer sa
main-d'œuvre et à régler sur cet emploi l'émission de sa
monnaie-papier. Il faut, pour bien comprendre ce méca-
nisme si simple, avoir lu les ouvrages où il est exposé et particulièrement l'*Application du système collectiviste*, déjà
cité au chapitre IV. Dès lors l'économie, privée de tout objet,
disparaîtra sans laisser de regrets, et l'avarice la suivra.

L'ivrognerie ne se confond pas avec l'alcoolisme ; en supprimant l'alcool, il faudra bien conserver le vin, la bière et le cidre, et jadis les suppôts de Bachus n'en demandaient pas davantage pour se livrer à leurs excès. Une petite pointe de vin qui met en gaieté les jours de fête n'a pas de grands inconvénients sociaux ; mais l'ivrognerie habituelle est un vice dégoûtant qui dégrade l'homme et qu'on doit souhaiter de voir éliminer. Il atteint le plus souvent la classe ouvrière et résulte de la misère, du travail prolongé et pénible, de l'atelier malsain, du taudis étroit et morne, de toutes les causes de découragement et de démoralisation qui dépriment les travailleurs. Rien de tout cela ne subsistera en régime socialiste. De saines distractions remplaceront les plaisirs frelatés du cabaret. Le logis familial, confortable et gai, retiendra ceux qui le désertent aujourd'hui. On usera modérément des boissons alcooliques alors qu'on n'en sera jamais privé, et les intempérants deviendront de plus en plus une exception.

C'est l'excitation de l'alcool qui, le plus souvent, est la cause des scènes de violence qui désolent tant de ménages. Le père, rentrant ivre, frappe sa femme qui lui fait des reproches. La mère, qui se démoralise à la longue et finit par s'enivrer aussi, brutalise ses enfants. Parfois la brutalité est poussée jusqu'à la cruauté. Combien d'enfants martyrs ignorés pour un dont les bourreaux sont punis par la justice ! Une bonne hygiène physique et morale mettrait fin à tous ces maux.

Nous avons parlé de la paresse à propos de la mendicité et

du vagabondage qui en sont les effets habituels. Ce vice ne se rencontrera presque plus quand le travail, assuré à tous, sera moins long, moins fatigant, plus sain et plus varié.

Les passions agitent l'homme et le poussent en sens divers : « Ce sont les vents qui enflent les voiles du vaisseau, disait le sage ermite de *Zadig* ; ils le submergent quelquefois, mais sans eux il ne pourrait naviguer. » L'effort du législateur ne doit pas tendre à abolir les passions, mais à diriger vers le bien la force qu'elles constituent. S'il en est d'ailleurs de très basses, qui deviennent des vices, il en est aussi de très nobles qu'il faut encourager.

L'amour est la plus universelle. Même partagé et satisfait, il est rarement exempt d'orages, et ses joies sont toujours mêlées de peines. Mais repoussé ou contrarié, il devient une cause de cruelles souffrances qui vont parfois au désespoir et à la mort. Evidemment, la meilleure organisation sociale ne pourra pas empêcher certaines personnes d'être insensibles à l'amour qu'elles auront fait naître, ou de ne le ressentir qu'à un moindre degré. Les privilégiés de la nature excitent plus de passions qu'ils n'en peuvent éprouver. Et, par contre, les disgraciés arrivent rarement à faire partager leur amour.

Néanmoins le fait que les questions d'intérêt ne se mettront plus à la traverse des inclinations diminuera beaucoup les peines causées par l'amour. D'autre part, le détraquement nerveux que produit aujourd'hui la lutte pour la vie intensive contribue dans une large mesure à pousser au tragique des situations auxquelles des esprits plus calmes sauraient se résigner.

Il n'est pas douteux que les passions frénétiques et délirantes qui conduisent au suicide et au meurtre seront beaucoup plus rares dans le milieu tranquille et apaisé que créera le régime socialiste.

Dans la plupart des cas, d'ailleurs, les violences extrêmes sont le fait d'alcooliques et de dégénérés qui n'existeront plus. De même les agitations, les inquiétudes de la jalousie auront moins d'occasions de se produire et se manifesteront sous des formes atténuées. Dans l'ensemble, les souffrances causées par l'amour seront moins fréquentes et moins vives. On ne peut rien demander de plus.

Les haines qui proviennent de la jalousie d'amoureux dédaignés, diminueront dans la même proportion. Celles causées par l'intérêt, et qui divisent si souvent les familles, disparaîtront à peu près complètement lorsque les questions de fortune, d'héritage auront perdu toute importance. L'adoucissement des mœurs, qui fera de si grands et si rapides progrès dans un milieu solidaire et fraternel, fera disparaître tout à fait les antiques haines de famille, transmises de père en fils et devenues déjà exceptionnelles. Les oppositions d'intérêts, qui font de l'homme un loup pour l'homme, emporteront en prenant fin les raisons de se haïr.

L'envie, qui engendre si fréquemment la haine, sera également sans cause lorsqu'il n'y aura plus de pauvres dénués de tout, en présence du luxe insolent des riches. En régime socialiste les plus modestes auront leur existence assurée et n'envieront pas ceux qui seront plus favorisés, sachant que leurs services leur ont valu une situation meilleure Là encore il y aura des exceptions. Le mérite sera parfois — bien rarement — sacrifié à l'intrigue et au favoritisme. Et même la plus parfaite équité dans la récompense n'empêchera pas certains de se croire méconnus. Mais la société a rempli tout son devoir et atteint complètement son but lorsque ses institutions éliminent toutes les causes d'envie justifiées. Les autres lui échappent.

De même, sauf de rares exceptions, toutes les ambitions légitimes seront satisfaites. Une ambition est légitime quand elle tend à s'élever dans la proportion du mérite et des services rendus. Ce sera l'un des principes fondamentaux du régime socialiste, et tout sera organisé pour qu'il en soit ainsi. Non seulement le génie, le talent le plus éclatant, mais la valeur et le dévouement au bien public, quel qu'en soit le degré, seront assurés de la place qui leur sera due, puisque ce sera l'intérêt de tous qu'elle leur soit donnée. Dans l'ensemble, les erreurs seront assez rares pour être négligeables ; et quant aux ambitions illégitimes, tant pis pour ceux qui pourront souffrir de leurs insuccès.

Aujourd'hui, au contraire, que de luttes l'homme le mieux doué doit soutenir pour arriver à percer, et que de fois il retombe vaincu, doublement désespéré par ses échecs et par le succès de la médiocrité ou de l'immoralité !

Dans notre société tourmentée, où la vie est si dure, où tant d'occasions s'offrent de faire le mal, où souvent la dis-

tinction est si difficile entre ce qui est permis et ce qui est
défendu, les consciences sont constamment exposées à dé-
faillir. La loi pénale atteint fréquemment les coupables et
parfois leur impose de cruelles expiations. Bien que nos
pénalités soient très adoucies par rapport à la barbarie des
siècles passés, elles sont encore terribles. La vie, dans les
maisons de réclusion et les bagnes, est un enfer, et combien
les tortures y sont plus intolérables lorsqu'elles sont sup-
portées par des innocents ou que le châtiment est dispro-
portionné à la faute !

D'autre part, même impuni, le criminel échappe rarement
à ses remords, d'autant plus poignants qu'il est moins en-
durci.

Nous avons démontré que la suppression de la lutte pour
la vie tarirait presque entièrement la source de la criminalité. Combien de souffrances de cette nature elle épar-
gnera ainsi !

CHAPITRE XI

CONCLUSION

Après la lecture de ce petit ouvrage, dont l'unique mérite est de synthétiser des observations que chacun a eu l'occasion de faire séparément, on pourra peut-être encore soutenir que la substitution du régime de l'association au régime de la lutte n'aurait pas de conséquences aussi larges, aussi décisives que celles qui ont été indiquées. Nul ne prétendra qu'elle ne réaliserait pas une amélioration considérable, la plus considérable qui ait été obtenue depuis que l'humanité est entrée dans la vie civilisée.

Là est le remède, il faut être aveugle pour ne pas le voir, et tout ce qu'on peut tenter dans une autre voie est voué d'avance à un échec plus ou moins complet.

L'opinion publique le comprendrait si elle était éclairée par une presse désintéressée ; mais les journaux les plus répandus, et par conséquent les plus influents, appartiennent à des groupements financiers dont ils défendent les privilèges en abrutissant les masses de feuilletons et de faits divers pour les empêcher de penser, en faisant le silence sur ce qu'elles auraient besoin de connaître et en dénaturant les faits qu'ils sont obligés de relater. Rien à attendre de ce puissant instrument d'éducation, dont le régime capitaliste s'est fait un moyen d'asservissement.

Emanation de l'opinion publique, dont il reflète les ignorances et les erreurs, le Parlement est cependant pl accessible à une idée nouvelle, l'intelligence et l'instruction de ses membres étant, en somme, très supérieures à la moyenne générale.

Par malheur, il est divisé en partis cantonnés sur des programmes fermés dont il est presque impossible de les faire sortir. Une réforme n'a de chances d'aboutir que si elle est adoptée par un parti assez puissant pour la faire admettre.

Il est évident que le parti socialiste est le seul sur qui on puisse compter pour proposer et défendre la grande transformation sociale indiquée dans cet ouvrage. Non seulement il peut en prendre l'initiative, mais il le doit puisqu'elle est le but même de son action. S'il le faisait, si les plus éloquents de ses orateurs mettaient tout leur talent et toute leur âme à montrer le caractère généreux, les conséquences bienfaisantes de cette immense réforme, nul doute qu'ils n'entraîneraient avec eux les meilleurs éléments des autres partis et notamment du parti radical. Le succès ne serait peut-être pas immédiat, car on devrait compter avec l'aveuglement des préjugés et les résistances des égoïsmes. Mais il viendrait sûrement couronner des efforts persévérants.

Comment se fait-il que le parti socialiste ne paraisse pas y songer ? Depuis qu'il a constitué son unité, s'il s'est mêlé activement à la vie parlementaire, ce n'a été que pour essayer d'améliorer les institutions existantes. Jamais il n'en a proposé la refonte intégrale. Sans doute une telle proposition aurait été écartée ; mais les discussions qu'elle aurait soulevées auraient constitué pour le socialisme la meilleure des propagandes. Non seulement le parti socialiste n'a pas su opposer programme à programme, mais lorsqu'il a l'occasion de participer à des débats sur des questions de détail, il néglige toujours de compléter ses critiques des demi-mesures projetées par l'exposé de la solution socialiste, seule complète, seule efficace. On dirait que le parti socialiste ignore la grandeur et la puissance de sa propre doctrine, qu'il ne soupçonne pas l'ampleur prodigieuse des conséquences de sa réalisation. Notre haut idéal disparaît derrière les minuscules préoccupations qui remplissent sa politique, si bien qu'amis et adversaires finissent par se demander en quoi cet idéal peut bien exactement consister.

Mais il ne sert à rien d'insister trop sur les erreurs du passé. C'est l'avenir qui importe. Jamais, depuis la grande révolution de 1789, les circonstances n'ont été plus favorables à une transformation sociale. Les bases du régime actuel sont ébranlées ; un écroulement est inévitable. L'humanité se demande anxieusement si elle pourra

s'abriter en paix et en sécurité sous un édifice plus so-
lide. Le parti socialiste seul peut en apporter le plan. Qu'il
le fasse et c'est l'apothéose ; qu'il s'y dérobe, c'est la
faillite.

L'heure des responsabilités a sonné pour lui.

TABLE DES MATIÈRES

SAINT-AMAND (CHER), — IMPRIMERIE BUSSIÈRE

G. RHULLIER

Avocat-Spécialiste

Guide

du

Contribuable

Manuel complet d'Impôts Directs.
Impôts sur le Revenu. Bénéfices de Guerre.
Taxes Diverses.

PARIS

M. GIARD & É. BRIÈRE

LIBRAIRES-ÉDITEURS

16, RUE SOUFFLOT ET 12, RUE TOULLIER

1918

www.ingramcontent.com/pod-product-compliance
Lightning Source LLC
Chambersburg PA
CBHW052209270326
41931CB00011B/2278